U0789457

痰病論　頭痛論

火病論　腹痛論

心胃痛論

雜症集解

痰病論

王隱君云。痰症古今未詳。劉宗厚云。金匱論痰。有四飲六症。陳無擇叙痰。有内外三因。隱君謂諸病出於痰。製滚痰丸。殊云簡便。較仲景先師。分表裡内外。汗吐下温鮮之法。則疎遠矣。況又有寒熱虚實之不同者哉。丹溪曰。痰源不一。有因熱。因氣。因風。因驚。因酒。因冷。因食之多端。其致病亦異。劉河間原病式。列痰症於太陰溼土之條。謂痰由脾溼所生。其義始明。按痰字從火。蓋濕盛生熱。熱盛生火。火盛生痰。火即氣也。溼即水也。水因火爍。則痰生矣。龐安常云。人身無倒上之痰。天下無逆流之水。善治痰者。必先清火。善治火者。必先理氣。氣降則火降。火降則痰消。然總以調脾為主。所謂脾溼動而生痰者也。又當尋其受病之由。不可妄行攻伐。如風則散之。寒則温之。溼則滲之。熱則清之。氣則順之。食則消之。酒則解之。鬱者揚之。滞者導之。虚者補之。實者瀉之。上者吐之。下者利之。各有治方。不可視為一例。李東垣云。痰為藏府之津液。又云痰以養胃。去盡則枯。自其安静言之。為津為液。自其變動言之。為涎為痰。醫者不善調治。病者不守禁忌。反使藥助病邪。展轉深痼。去生遠矣。

痰飲

五臓俱有痰飲。而總見於脾肺兩經。蓋痰飲必致咳嗽。是咳嗽痰飲。飲去則嗽止矣。考其病亦有不咳嗽。而僅見胸脇支滿目眩等症者。此脾虚也。按胸脇支滿。此痰飲停滞於中也。兩目眩暈。此痰飲熏蒸於上也。金匱治以苓朮桂甘湯茯苓甘淡滲溼以利水飲。桂枝辛甘宣導以行陽氣。白朮苦温去溼建脾。甘草甘甜。和中益土。同為補土制水之劑。是治脾虚停飲之和法。

苓桂朮甘湯

茯苓四兩　桂枝二兩　白朮二兩　甘艸二兩

右㕮咀水煎服小便利為度

懸飲

飲者水也。懸飲者蓄於心下也。其症脈沉而弦。故欬唾引痛。脈沉屬水蓄。脈弦屬肝經。內痛者。以欬引胸脇作痛也。其所以欬嗽者。以飲懸於脇內也。水氣上逆肺金之故。金匱治以十棗湯。甘遂苦寒。瀉經隧之水濕。大戟辛寒。泄臟腑之水氣。芫花苦溫。破水飲之窠囊。用大棗緩三藥之性。實以固脾元之本也。懸飲原為大症。攻之不嫌過峻。稍緩則變證[illegible]。三因方以三藥等分為末。棗肉和丸。其善於用法者。

十棗湯

芫花熬 甘遂 大戟各等分 大棗十枚

右研末。棗肉和丸。桐子大。每服三丸。空心開水下。快利後糜粥自養。不利加三丸或五丸。看人虛實為要。

溢飲

內經言。溢飲者。暴渴飲多。水溢於肌膚腸胃之外也。其症內熱口渴。身體重痛。水流四肢。兼為水氣所浸。亦猶風寒兩傷。內有水氣之狀。仲景治以大青龍湯。麻黄桂枝杏仁解表發汗。生薑大棗甘草。調衛和營。水邪內蓄。則脾胃津液不行。反生內熱。故合石膏之甘寒者。升清降濁以散之也。此治水氣挾熱之一法。若夫咳嗽不止。水寒內伏。仲景又立小青龍湯以和之。麻黄桂枝走表。乾薑細辛溫中。半夏逐水。芍草和陽。五味止嗽。雖曰發汗。實欲其寒飲之下出也。其治水氣挾寒之一法。

大青龍湯

麻黄錢二 桂枝四分 甘草四分 杏仁六分

石膏一錢 生薑三片 大棗二枚

右㕮咀。先煮麻黄去沫。納諸藥再煮。服得汗即止。

小青龍湯

麻黄一錢 桂枝一錢 五味十五分 乾薑五分

半夏一錢　細辛五分　白芍一錢　甘草一錢

右㕮咀先煮麻黄去沫納諸藥再煮

支飲

支飲者。膈有痰飲。如物之支撑也。其症喘滿心下痞堅。面黒脉沉緊。得之数十日。醫吐下不愈。按喘滿痞堅支飲上逆也。面黒者。飲属北方水色也。脉沉属飲脉緊属寒。皆飲脉也。吐下不愈。陰陽氣虚也。仲景治以木防已湯。防已入膀胱泄水飲於下。石羔解肌散水飲於外。人参益氣。桂枝行陽。陽氣壮飲自去矣。服藥愈後復發者。乃飲結不鮮。寒氣凝聚也。仲景即於本方去石膏之甘寒。加茯苓淡以滲飲。芒硝醎以利飲。一方治病其中。先後加减有變化之妙用焉。

木防已湯

木防已三錢　石羔四錢　人参四錢　桂枝二錢

右㕮咀水煎服

風痰

風痰者。因肺經傷風頭目昏痛。咳嗽多痰也。盖風盛則氣壅。氣壅則痰升。故有頭目昏嗽等症。活人治以金沸草散。風邪上逆用荆芥以散之。痰涎内結。用胡花以消之。半夏燥痰散逆。甘草和土緩中。茯苓行水。細辛温經風。消則氣順。氣順則痰平矣。如中脘氣滞痰涎不利者。以三仙丸治之。如膈中痰飲固結者。以潤下丸化之。皆良法也。

金沸草散 并治水在肺經咳嗽吐沫

旋覆花一錢　前胡一錢　荆芥錢五　茯苓一錢

半夏五分　甘草二分　細辛二分

右㕮咀薑一片水煎服蜜齋加防風羌活杏仁去細辛旋覆花

三仙丸

南星麯四两　半夏麯四两　香附二两

右㕮咀，先煎麻黃去沫，納諸藥再煎。

木防己湯

旋覆花一錢　前胡一錢　荊芥五錢　茯苓一錢

南星麯四兩　半夏麯四兩　香附二兩

右末之蜜丸每服一錢淡姜湯下

潤下丸

廣皮 去白八兩盐水洗浸晒干　甘草 二兩蜜炙

右末之蜜丸每服一錢淡姜湯下

熱痰

熱痰者。痰因火盛也。其症内熱。胸悶咳吐黄痰。按痰即有形之火。火即無形之痰。痰隨火而升降。火引痰而横行。火即五臟之氣。痰即五味之液。氣有餘即為火。液有餘則為痰。故治痰必降火。治火必順氣。用和治以清氣化痰丸。半夏胆星燥湿。黄芩萋仁平熱。陳皮順氣。杏仁降逆。茯苓利水。蘇子利積。此治熱痰之要劑也。須知湿能生熱。熱能生火。火能役痰。痰隨氣行。治痰者。豈可不以清氣為先務耶。

清氣化痰丸

半夏 一兩五錢姜汁炒　胆星 五錢　橘紅 一兩　杏仁 五錢去皮尖
蘇子 一兩　萋仁 一兩　黄芩 一兩　茯苓 一兩

右末之薑汁糊丸每服二錢開水下

寒痰

寒痰者。形寒飲冷所致也。寒則傷肺。冷則傷脾。所謂肺氣不清。脾湿生痰者是也。其症胸膈停痰。懊憹嘈雜。多吐清水。嚴氏治以橘皮湯。乾薑辛温逐寒。白术苦温燥脾。茯苓甘淡滲湿。橘皮苦辛利氣。半夏温燥祛痰。甘草甘平利胃。氣虚者加人參。氣逆者加桔梗。兼感外風者。加防風前胡。有汗者。加桂枝。臨症通變為要。

橘皮湯

橘皮　乾薑　白术　茯苓　半夏　甘草

右㕮咀生姜一片水煎服

濕痰

濕痰者。因脾土之濕所生也。其症胸滿短氣。吐噫呑酸。体重節痛。盖脾属土。土生濕。濕生熱。熱生痰。痰在胃脘。則胸滿短氣。濕流經絡。則身重節痛。吐噫呑酸者。此濕痰欝熱滯於中焦。氣不宣通。曲直而作酸也。總属脾虚為病。宣明治以參苓平胃散。蒼朮燥濕。厚朴下氣。橘紅半夏逐痰。茯苓甘草和中。人參補正去邪。如濕痰氣熱者。以中和丸治之。神朮丸亦可。

參苓平胃散

人參 一両　茯苓 二両　蒼朮 二両　厚朴 四両 姜汁炒　陳皮 五両　甘草 二両

右為末每服五錢姜棗煎服

中和丸

蒼朮　香附　半夏　黄芩 各等分

右末之蜜丸每服五十丸姜湯下

神朮丸

蒼朮 炒　生麻油 斅　大棗

右將棗煑爛搗濃和麻油蒼朮末再搗為丸晒乾每服五十丸開水下

食痰

食痰者。因飲食不節所致也。其症胸膈鬱悶。五更咳嗽。皆縁過飲酒漿。多食油膩。脾土積濕化熱。積熱生痰。壅於胸膈。則鬱悶。滞於胃脘則咳嗽。其咳嗽在五更者。此時胃火上浮。肺金被火熏蒸之故也。瑞竹堂治以順氣消食化痰丸。痰由於濕。半夏南星以燥之。痰由於氣。蘇子杏仁以降之。痰由於滞。陳皮香附以導之。痰因於酒。葛根神曲以解之。痰因於食。山查麦芽以消之。此治食痰之要法也。

順氣消食化痰丸

半夏 姜炒　胆星　陳皮　蘇子　山查

麥芽　神曲　葛根　杏仁　香附

右各等分研末姜汁為丸每服二錢開水下一方加萊菔子

氣痰

氣痰者。因氣鬱而生痰也。其症胸膈脹悶。呼吸不利。咽喉如有物阻滯。咯不出。嚥不下。俗謂之梅核氣者此也。按肺為氣海。脹悶不利者。氣不升降也。咽喉阻滯者。痰因氣逆也。皆七情鬱結之故也。丹溪治以加味二陳湯。半夏辛溫化痰下氣。陳皮溫苦利氣行痰。茯苓淡以滲濕。甘草甘以和中。且茯苓得甘草以瀉潵浮。加蘇子辛平以降之。再加香附宣氣鬱。桔梗開胸悶。白蔻轉三焦。更加柏子仁。補心脾。滋肝腎。且又能潤諸藥之燥也。此二陳湯治痰之通劑也。盖氣有餘便是火。加黃芩苦寒以清之。火有餘則氣

加味二陳湯

橘紅　半夏　茯苓　甘草　黃芩

蘇子　香附　桔梗　白豆蔻　柏子仁

右㕮咀水煎服

火痰

火痰者。痰因火動也。其症口渴咽乾。喉痒作嗽。胸悶内熱。嘔吐黃痰。按脾有濕滯則生痰。肺受火傷。則咳嗽。咽乾喉痒者。火氣上浮也。胸悶内熱者。火氣内伏也。嘔吐黃痰者。痰緣火滯也。蜜齋治以清金化痰丸。連翹苦寒。散結瀉火。姜仁甘寒。蕩熱清咽。貝母辛寒。潤心肺而療火嗽。香附苦辛。利三焦而解六鬱。黃芩苦以瀉火。青黛寒以平肝熱。海浮石體輕味鹹色白。性潤止渴止嗽清火清痰。此治火痰之要法也。

清金化痰丸

連翹去心酒洗　姜仁　貝母　黃芩

青黛水飛　香附童便浸　海浮石各等分

右末之蜜丸芡實大每服一丸噙化清茶嚥之一方加天冬風化硝橘紅并治酒痰

脾痰

脾痰即湿痰也。其症面黃。肢体沉重。嗜卧腹脹。痰滑易出。按面黃者。脾之本色也。体重者。脾湿在經也。嗜卧者。脾為湿困也。腹脹者。脾湿不運也。湿為水氣。故痰滑而易出也。丹溪治以保和丸。山查行滞。半夏逐痰。橘紅利氣。曲麦消食。茯苓滲湿。莱菔寛中。湿能生熱。故加黃連。燥湿清熱。痰因火結。故加連翹。散結瀉火。若氣虚者。用六君子湯。傷酒生痰者。加葛花白蔲。臨症便通加減為要。

保和丸

山查二兩　半夏姜炒五錢　橘紅五錢　神麯炒五錢　麦芽炒五錢

茯苓五錢　連翹五錢　莱菔子五錢　黃連炒三錢

右為末水滴為丸每服三錢空心開水下加白朮二兩名大安丸

六君子湯

人參一錢　白朮一錢　茯苓錢五　半夏錢五　橘紅錢五　甘草五分

右㕮咀水煎服或加生姜一片

肺痰

肺痰即燥痰也。又為氣痰。其症面白氣上喘促。洒淅寒熱。悲愁不樂。痰澁難出。按面白者。肺之本色也。喘促者。肺氣不降也。肺為氣海。洒淅寒熱者。陽氣不升也。悲出於肺。悲愁不樂者。陰氣不舒也。肺為痰滞。故痰濇而難出也。士材治以潤肺飲。肺属燥金而畏火。肺為清臟。而悪濁痰。為濁痰氣為火氣。故用貝母散鬱疎痰。花粉生津降火。麦冬潤燥解熱。茯苓益氣助陽。生地瀉內火而清肺金。知母滋腎水而除肺熱。橘紅利氣。甘草和中。桔梗開提氣血。利膈寛胸。良方也。

潤肺飲

貝母糯米炒平　花粉二錢　桔梗一錢　甘草五分　知母酒炒七分

麦冬忢錢五橘红一錢茯苓錢五生地 二錢

右吹咀姜一片水煎服氣壅者去知母生地麦冬花粉加杏仁一錢蘇子五分名利金湯

心疾

心疾即熱疾也。其症面赤煩熱心痛。口乾唇燥。時或喜笑。痰成堅塊。按面赤者。陽大上浮也。煩熱心痛者。火鬱而氣逆也。口乾唇燥者。內熱而津耗也。笑出於心。時或喜笑者。痰迷火動也。火旺生痰。堅塊不散者。火結氣滯也。潔古治以天黄湯。花粉酸能益津。甘不傷胃。降火潤燥。清熱滑痰。黄連大苦大寒。入心瀉火。開鬱除煩。并療心痛。竹葉辛淡甘寒。消痰止嗽。觧熱寧煩且凉心氣。如痰熱咳嗽者。用小黄丸以治之。

天黄湯

天花粉 十兩　黄連 十兩　竹葉 四兩

右末之每服二錢淡姜湯煎服

小黄丸

南星 胆製　半夏 姜製　黄芩 各一兩

右為末姜汁和餅蒸透搗丸桐子大每服五十丸開水下百丸亦可

肝疾

肝疾即風痰也。其症面青四肢滿悶。便溺秘澁。時或躁怒。痰青多泡。按面青者。肝之本色也。脾主四肢。肝為風木。木来尅土。則脾元不運。故四肢滿悶。腎竅二陰。肝主疎洩。肝家有病。則大小便難。故便溺秘澁。怒出於肝。時或躁怒者。肝氣上逆也。痰因火動。痰青多泡者。肝火變化也。海藏治以水煑金花丸。天麻雄黄。性味辛温。疎痰滯而搜風。半夏南星。性味辛苦。去風痰而燥濕。加白麪補虛養氣。此大法也。他如防風丸亦可服。

水煑金花丸

南星生一兩　半夏生一兩　天麻五錢　雄黃二錢　白麵三兩

右先煎漿水令沸下藥煮至藥浮為度漉出淡漿水浸後晒乾研末和白麵合勻水疊為丸桐子大每服五十丸至百丸姜湯下

防風丸

防風二兩　川芎酒洗二兩　天麻酒浸一宿二兩　甘草炙二兩　硃砂五錢水飛

右為末煉蜜丸重一錢硃砂為衣每服一丸荊芥湯下

腎痰

腎痰即寒痰也。其症面黑。小腹急痛。足寒而逆。心多恐怖。痰黑多稀。按面黑者腎之本色也。少陰之絡。貫於小腹。急痛者。寒在經也。少陰之脉。起於足。足寒而逆者。寒在脉也。腎藏志。在志為恐。心多恐怖者。因痰之變動為慄也。腎為元武痰黑多稀者。北方水氣也。節齋治以姜桂丸。南星辛溫。去風燥濕。半夏辛滑。逐水利痰。生姜辛熱。去穢通神。加肉桂之辛甘大熱者。補先天真火。益陽消陰。除痼冷沉寒。調營和衛。寒痰觧。腎氣安。諸病悉愈矣。八味丸。胡椒理中丸俱可。

姜桂丸

南星製　半夏製　肉桂各一兩

右為末姜汁和丸每服三五十丸開水下

胡椒理中丸

胡椒三兩　欵冬花四兩　甘草炙四兩　蓽撥三兩　良姜三兩

細辛二兩　陳皮三兩　乾薑二兩　白朮五兩

右為末蜜丸桐子大每服三十丸米飲下

八味丸

熟地　山藥　山萸　茯苓

澤瀉　丹皮　肉桂　附子

右為末蜜丸桐子大每服三錢開水下

血虛痰

有陰血不足而生痰者。其症咳嗽吐痰。下午尤甚。此陰火上逆。肺受火邪。清肅之令。不克下行。津液凝濁生痰。而不生血也。東垣治以養陰湯。天冬甘苦降火。清金益水之上源。熟地甘溫。滋水補陰。養腎之精血。枸杞甘平生津益氣。甘草甘甜。調中瀉火。元参鹹苦。壯水清咽。使上逆之火。得返其宅而息焉。不治痰而痰自平矣。若妄投二陳痰劑。其立殆乎。

養陰湯

天冬　熟地　枸杞子　元参　甘草

右㕮咀水煎服

氣虛痰

有腎氣不固而生痰者。其症氣從少腹上逆。咳嗽痰多。動則發喘。此腎虛不能納氣歸源。津液化為痰涎。隨虛氣而上泛也。仲景治以八味丸。熟地甘以滋水。山萸酸以濇精。茯苓淡以滲濕。丹皮辛以和陰。山藥補脾補肺。澤瀉去濁去邪。加附子之辛熱。肉桂之辛溫者。益水中之真火。而引火以歸源也。蓋火即氣也。水火相濟。氣和矣。而痰嗽止矣。

八味丸

熟地　山萸　山藥　茯苓

澤瀉　丹皮　附子　肉桂

右末之蜜丸每服三錢空心開水下

中虛痰

有脉緩細滑。痰涎清薄。身体倦怠。手足酸軟者。此脾虛挾濕而生痰也。脾主四肢。虛則手足酸軟。脾統陰血。虛則身体倦怠。痰涎清薄者。脾土衰而有濕也。脉緩細滑者。脾氣弱而有痰也。立齋治以加味補中益氣湯。參芪補脾固氣。白术燥濕強脾。當歸養陰和血。陳草利氣調中。升柴升清降濁。姜棗益衛和營。加茯

苓滲濕。半夏祛痰。良法也。六君子湯亦可。

加味補中益氣湯

人參　白朮　當歸　黄芪　升麻
柴胡　陳皮　甘草　茯苓　半夏

右㕮咀姜一片棗二枚水煎服

六君子湯

人參　白朮　茯苓　甘草　半夏　陳皮

右㕮咀水煎服

宗虛痰

凡人率吐痰涎。其痰不甚稠粘。沫多濁水。此宗氣虛而不能攝涎也。宗者膻中也。諸氣歸宗之所也。此氣一虛。則痰涎泛濫矣。切不可妄投行氣化痰之藥。準繩治以加味六君子湯。人參甘温。以補真陽。白朮甘苦。以強脾胃。茯苓淡以滲濕。半夏辛以滑痰。甘草甘以和中。陳皮温以調氣。加益智仁之辛熱者。濇精固氣。収攝痰涎。宗氣足。痰自平矣。再以參苓白朮散調之。

加味六君子湯

人參　白朮炒　茯苓　甘草炙
半夏製　陳皮　益智仁

右㕮咀水煎服

參苓白朮散

人參　白朮炒　茯苓　甘草　山藥　桔梗
扁豆炒　薏仁炒　蓮肉炒　陳皮　砂仁

右為末蜜水疊丸每服三錢開水下

老痰

老痰者。結而不化之謂也。其症胸悶内熱。嘔吐黄痰。此因厚味嗜酒所致也。按

厚味酒漿消爍真陰。煎熬臟腑。以致脾胃積濕生熱。積熱生火。積火生痰。痰凝不散。故有胸悶等症。節齋治以化痰丸。姜仁滌胸中之垢膩。青黛洗除五臟之鬱火。浮石醎能軟堅。連翹苦能散結。黃芩瀉火清熱。半夏逐水化痰。桔梗開胸利膈。天冬潤燥生津。香附解鬱。橘紅利氣。加風化硝者。除腸胃之宿垢也。此治老痰之大法。

化痰丸

天冬　黃芩酒炒　半夏姜炒　姜仁　橘紅　桔梗

連翹　香附　青黛　海浮石　風化硝

右末之蜜丸每服三錢淡姜湯下開水亦可一方加大貝胆星名利膈丸

怪痰

王隱君云。痰症多怪。有脊上每日如一條線起。惡寒者。有揮身習習如臥芒刺者。有口糜舌爛。喉痺咽痛者。有繞項結核者。有失志顛狂者。有胸腹中。如有二氣交紐噎塞煩悶者。有烟火上冲頭面焙熱者。有心下怔忡。如畏人捕捉者。或頭眩目運。耳鳴口眼蠕動。眉稜耳輪作痒作痛。或四肢游風腫硬似痛非痛。或齒頰痛痒。或噫氣吞酸嘈雜。或足脛酸軟腰背節痛。或手足麻木骨痛毛焦。或夜夢鬼怪。或吐如蜆肉桃膠。黑水綠漿。破絮之狀。為痛百端。不能盡述。余常用滚痰丸。愈者不可勝數。特表出之。

滚痰丸

青礞石一兩　沉香五錢　大黃酒蒸八兩　黃芩八兩

右將礞石打碎用焰硝一兩入瓦礶內鹽泥封固晒乾火煅石色如金為度研末和諸藥拌勻水滴為丸量人虛實服之姜湯下服後仰臥令藥在胸膈間以逐痰滯不宜飲水行動

脉候

浮大滑為風痰　濡滑為湿痰　浮緊滑為寒痰

洪数滑為火痰　沉實滑為食痰　浮弦細滑為痰飲

微弱為氣虚痰　虚数無力為血虚痰

空大無力為水泛痰　經云肝脉耎散病溢飲

偏弦為飲　浮滑為飲　沉滑懸飲　痰病得濇脉難愈

柴胡飲子

人參　大黃　白芍　當歸

柴胡　黃芩　甘草　生姜

右吹咀水煎服

地黃丸

生地　丹皮　茯苓　山藥　澤瀉　山萸肉

右末之蜜丸每服三錢開水下

左金丸

黃連 姜泮炒二兩　吳茱萸 鹽水泡一兩

右末之水丸每服五分開水下

腎火

腎火脉沉濇。其熱輕手按之不熱。必重手按至骨上。熱始蒸手如火。此熱在骨也。其症耳流膿血。不聞人聲。亦有骨中蘇〻。如虫蝕。骨痿不能起床者。皆腎虛火燥也。按耳為腎竅。舌屬心苗。舌無竅。寄竅於耳。除足太陽手厥陰二經。其餘十經。俱入絡耳中。腎治內陰。心治外陽。心腎精明之氣。上走空竅。則聽聰矣。若心腎氣虛。或衛氣不下循經脉。或經藏積熱。或風熱搏結。耳流膿血。遂令人暴聾。千金治以腎熱湯。磁石補腎通耳。生地滋水瀉火。聲出於肺。用麦冬清肺益金。肝逆耳聾。用白芍平肝和血。加白术甘草大棗者。補脾土以制腎邪也。加牡蠣者。取鹹寒以清腎火也。加葱白者。引腎氣上通於耳也。腎主骨。骨痿者。水虧也。當以大劑加味地黃湯峻補之。

腎熱湯

磁石 煅紅水碎五分　牡蠣 鹽水煮火煅五分　白术 炒五分　麦冬 四分　大棗 十五個

白芍 四分　甘草 一兩　生地汁 一升　葱白 二十個

右吹咀分三服水煎

火病論

太極動而生陽。靜而生陰。陽變陰合。而生水火木金土之五行。五行之中惟火有二。曰君火。曰相火。以運氣言之。少陰君火。靜而守位。故不主歲而相火代之。所以流行變化生長萬物。皆相火也。在人身言之。心為君火。胆與三焦為相火。經云十一臟皆取決於胆。可見胆與三焦。俱稟受於君火。而行之者也。華陀云三焦者相火也。交接元陽。乃一身之統領。諸陽升降呼吸之源。三焦有道。九竅通。百骸暢矣。仲景云。腎坎卦也。外陰內陽。水中有火也。心離卦也。外陽內陰。火中有水也。一水一火。互為其根。以六氣言之。腎配心。火中有水也。以五臟言之。左為腎水。右為命火。水中有火也。心包絡從心。三焦從腎。水火相盪。陰陽相對。水升火降。既濟卦也。經云。少火生氣。壯火食氣。又云。在天為雷火。在水為龍火。趙養葵云。兩腎中間是命門。命門真火。為十二經之主宰。此火一息。生機滅矣。故丹溪云。神勞傷心。精洩傷腎。君失其職。相火專權。五官六賊之火。皆倚相火之勢。乘其所勝。侮其所不勝。經所謂主不明。則十二官危。使道閉塞。形乃大傷。河間云。七情抑鬱。五志感觸。六淫外侵。陰陽乖舛。真陽變為爍石消金之烈燄。令涕唾精津氣血液。七般神物。枯槁絕滅。火之為病。豈不大哉。東垣云。醫者治火。當分表裡。輕重虛實。升降補瀉。滋潤溫凉。和解。以清火之源。切不可概用苦寒。以傷生命。良有以也。

心包絡小腸火症

心為君主。從不受邪。受邪者。包絡也。包絡病即心病矣。其症舌破口糜。煩燥焦渴者。以舌屬心苗。開竅於舌。心火旺也。小便短澁痛淋者。以心與小腸為表裡。心火甚也。瘡瘍痛痒痓痱者。以諸瘡瘍痛痒。皆屬心火是也。景岳治以犀角飲心主血。包絡有火者。血熱也。以生地凉血為君。連翹散火為臣。黃連瀉火為佐。薄荷驅火為使。加元參壯水制火。犀角清心解毒。甘草緩火調中。此治脉來洪大有力之實症也。若脉微大無力屬虛火者。又當用生麥飲以和之。

犀角飲

生地三錢連翹錢五元參錢五黃連五分

犀角五分薄荷五分甘草五分

右㕮咀灯心三分竹葉十片水煎服如小腸熱結加木通五分淋漓便濁加車前一錢莖痛加甘草稍牛膝車前各一錢五分去連翹薄荷如斑疹加荆芥一錢

生麥飲 治心虛火

生地三錢麦冬二錢黃連五分丹皮一分

元參一錢知母一錢甘草三分燈心三分

右㕮咀水煎服一方有丹參一錢車前五分

又云。生地補心血。佐丹皮清包絡血分之火。麦冬清肺氣。佐知母滋金水之化源。元參清刑金之火以滋水。加黃連甘草瀉心火以和中。允成虛火之平劑。

肝胆火症

肝屬木。木能生火。其症耳痛目脹頭眩掣痛者。此風木之變也。胸脇刺痛者。此木鬱化火也。陽絡傷而吐血者。此暴怒傷肝。火炎氣逆也。瘀血凝滯。二便不通者。此肝血遏抑。火内伏也。介賓治以龍艸瀉青湯。木鬱達之。則用柴胡。火鬱發之。則用防風。從其性而升之也。山梔木通。屈曲下行。使鬱結之火下利。大黃胆草直走經絡。使血脉之火下降。加青皮之辛苦。瀉肝胆之滞氣。甘草之甘平。緩諸藥之苦寒。仍不失升降守中之法。此治脉絃長。有力之實症也。若脉微弦。無力屬虛火者。又宜用丹菊湯為主。

龍草瀉青湯

柴胡錢五防風二錢生山梔一錢大黃酒製一錢

胆草酒炒五分青皮五分木通五分甘草五分

右㕮咀水煎服如溢血加白芍一錢血凝加川芎五分血少加當歸一

錢血熱加丹皮五分如狂言詁語加元明粉三錢大黃二錢如氣鬱加炒延胡索一錢或另用當歸龍薈丸如大便不調去大黃或加酒炒黃芩一錢

丹菊湯

首烏二錢當歸錢五菊花一錢牛膝一錢

秦艽一錢川芎五分丹皮五分

右吹咀水煎服如目昏加生地二錢目痛加連翹一錢五分如熱盛者加防風一錢五分羌活一錢去牛膝如頭眩者加酒炒黃芩五分

暴怒傷肝。肝血少則木燥火炎。以首烏涼潤之品。消血中之伏火。當歸牛膝。滋本經之血虛。丹皮川芎。和本經之血鬱。秦艽菊花。省本経之風熱。乃肝家血虛火盛之妙劑也。

脾胃火症

脾胃屬多血多氣之臟腑。二經火旺則病矣。其症口乾作苦。齒痛頭痛者。胃火上炎也。吞酸嘈雜腸鳴膨脹噯氣者。脾火遏鬱也。甚則二便燥結。口瘡癰瘍。四肢退壽。遍身膿疥者。火內伏而血熱於外也。胃火宜因其性而清散之。脾火當隨其勢而分利之。百問治以芍草石羔湯。石羔甘寒。氣辛。可升可降。專瀉脾胃之實火。合白芍之酸。甘草之甘。以緩石羔下行之勢。協防風之辛。升麻之苦。以助石羔辛散之能。用黃連清脾胃之鬱火。加枳實瀉大腸之結熱。此治脾脉有力滑数弦急之實火也。若脉虛数無力者。又當用紅連飲以治之。

芍草石羔湯

石羔五錢白芍錢五甘草五分黃連二分

防風錢五升麻五分枳實一錢

右吹咀水煎服如齒痛加連翹一錢五分去枳實如頭痛加川芎五分去枳實白芍如大便秘加大黃二錢去石羔如胸中痞滿加陳皮一錢

紅連飲

紅麴一錢黃連一錢神曲一錢澤瀉一錢
葛根錢五茵陳三錢連翹錢五枳殼五分

右㕮咀水煎服如大便結加姜仁一錢小便秘加猪苓一錢湿熱不化則腸胃不通鬱久發黃遂成疸病茵陳去朽腐而清湿火葛根散胃熱以透表二連瀉諸熱以去濕紅曲神曲消内蒸之積滯澤瀉枳殼利二便之結氣不但治虛火正以療土中之湿熱

肺大腸大症

肺属金。與大腸相表裡。喜清潤而惡燥逆。若本経為火所制。其症氣粗痰喘。鼻塞鼽衄者。火傷肺而氣上突也。咽乾喉痒膚燥便結者。火爍金而氣不降也。肺体軽虛。法宜滋潤。臨初治以黃花飲。黃芩苦寒。瀉中焦之火。花粉甘寒。清熱結之燥。薄荷辛凉。散上焦之火。元參鹹苦。觧刑金之熱。加甘草以緩之。桔梗以開之。蘇子以降之。姜仁以潤之。生地以凉之。使清肅之令得行。則火易散。而病易愈矣。此治肺脉浮弦有力之實症也。若脉虛浮無力屬虛火者。則以紫菀湯加減調治。

黃花飲

黃芩一錢花粉二錢薄荷一錢元參錢五甘草五分
桔梗一錢蘇子五分姜仁一錢生地二錢

右㕮咀水煎服如痰多加貝母一錢五分乾咳加杏仁一錢五分大便結加元明粉一錢大黃二錢去桔梗花粉

紫菀湯

紫菀錢五麥冬三錢知母錢五乾葛一錢
元參一錢菊花一錢杏仁一錢

右㕮咀水煎服如痰多加貝母一錢五分橘紅五分胸膈不利加桔梗

一錢蘇子六分大便結加松子三錢鼻衄加生地三錢黄芩二錢
麥冬甘寒。補肺清心。知母元參。功專滋水。肺氣上逆。杏仁紫菀苦以降之。
大鬱氣滯。葛根菊花辛以散之。一升一降。此制方之法也。

腎膀胱火症

腎與膀胱為表裡。北方之水臟也。若腎火鬱於下焦。其症小便淋瀝。莖痛腰痠脬痺者。此水虧火旺也。當旺水濡水。升清降濁為主。臨初治以滋腎湯。當歸辛潤益血。丹皮辛凉散火。加黄柏之苦。知母之辛。清肅龍雷之燄。澤瀉之鹹。茯苓之淡。分利膀胱之痺。升麻之苦。荆芥之辛。升舉上清之氣。所謂上竅通則下竅利矣。此治腎脉弦大有力之實火也。若脉微弦沉細者。以淵泉飲壯水以制陽光為要。

滋腎湯

當歸三錢茯苓錢五澤瀉錢五黄柏二錢
知母一錢丹皮五分升麻五分荆芥五分
右㕮咀水煎服如血淋便濁加生地三錢車前一錢白芍一錢去當歸

淵泉飲

熟地三錢知母錢五黄柏一錢麦冬錢五
牛膝一錢丹皮五分車前五分
右㕮咀水煎服

熟地補腎水之不足。用知母麦冬者。虚則補母之義乎。水涸則三焦之火必盛。以牛膝丹皮瀉之。氣閉火鬱。故成痺痛。以黄柏車前導之。此滋水之一法也。

三焦毒火

三焦毒火者。其症狂躁心煩。咽乾口燥。乾嘔錯語。不眠吐衄。熱甚發斑。按火入陽則狂躁。心為熱擾則神煩。口燥咽乾者。津液内竭也。大熱乾嘔者。熱毒上逆

也。錯語者。熱昏其神也。不眠者。熱傷陰氣也。發斑者。熱毒入胃也。吐血衄血者。蘊熱逼血上行也。太倉公治以黃連解毒湯。黃芩瀉肺火於上。黃連瀉脾火於中。黃柏瀉腎火於下。梔子通瀉三焦之火。從膀胱以利之。蓋陽盛則陰虛。火盛則水涸。故用此扶陰抑陽。瀉其亢甚之火。而救欲絶之水也。崔尚書云。大便燥結錯語者。承氣湯。大便通利錯語者。黃連解毒湯。然非實火。不可輕投。

黃連解毒湯

黃芩　黃連　黃柏　山梔　等分

右㕮咀水煎服

鬱火

鬱火之症。肌熱表熱。肢熱骨髓中熱。如火燎。捫之烙手。此病多因血虛。及過食冷物。遏抑陽氣所致也。按脾主四肢。肢熱則五心煩熱。火炎上。鬱而不達。即銷爍真陰。并肌膚筋骨皆熱矣。若飲食生冷。填塞於脾。則清陽不升。故見症如此。東垣治以升陽散火湯。柴胡發少陽之火。升葛發陽明之火。羌活發太陽之火。獨活發少陰之火。加參草益脾元而瀉熱。白芍瀉脾火以斂陰。散中有收。不致有傷陰氣。經曰。少火生氣。天以此火生物。人以此火養身。揚之則光。遏之則滅。若為生冷遏抑。生道幾乎息矣。東垣聖於補脾。法主升陽。俗醫知瀉而不知升。是撲其少火也。安望其衛生耶。

升陽散火湯

柴胡八錢　防風錢五　葛根五錢　升麻五錢　羌活五錢
獨活五錢　人參五錢　白芍五錢　炙草三錢　生甘草二錢

右末之每服五錢姜棗煎服本方除人參獨活加葱白名火鬱湯治同火鬱者內熱外寒脉沉而數火鬱無餤故外寒沉為在裡沉而數知為內熱也

心火

心火脉洪。其熱輕手按至皮毛之下。肌肉之上。重按全無。日中熱甚。此熱在血脉也。其症面赤狂躁。口糜舌瘡。咬牙口渴。便赤淋痛。按心與小腸為表裡。心熱則小腸亦熱。故便赤淋痛。心属君火。諸経之熱。悉應於心。故面赤煩躁咬牙口渴也。舌属心苗。心火上炎。薰蒸於口。則口糜而舌生瘡矣。仲陽治以導赤散。生地凉心血。竹葉凉心氣。木通降心火。而入小腸。草稍達莖中而止淋痛。導小腸之丙火。實以瀉心経之丁火也。経曰。膀胱移熱於小腸。膈腸不便。上為口糜。亦有用附子理中湯者。因脾胃虚火被逼上炎。故用参朮甘草補脾。生姜附子散寒。火得所助。則接引退舍矣。

導赤散

生地　木通　甘草稍　淡竹葉等分

右㕮咀水煎服硃砂安神丸亦可

硃砂安神丸

黄連酒洗六錢　當歸二錢　生地五錢　硃砂水飛二錢

右為末蜜丸黍米大硃砂為衣每服二十丸酒下開水下亦可

肺火

肺火脉浮。其熱輕手捫之則熱。重手按之則不熱。此熱在皮毛也。其症洒淅寒熱。日晡尤甚。喘嗽氣急。按洒淅寒熱者。邪在膚湊也。日晡尤甚者。金旺於酉也。肺苦氣上逆。故喘嗽氣急也。仲陽治以瀉白散。桑皮瀉火益肺。骨皮瀉腎養肝。水為金子。實則瀉其子也。甘草清火益脾。粳米清肺補胃。土為金母。虚則補其母也。肺主西方。故曰瀉白。李時珍曰。此瀉肺諸方之準繩也。瀉白散。瀉肺経氣分之火。東垣黄芩一物湯。瀉肺経血分之火。若火重者。東垣凉膈散。虚者阿膠散。或参朮調中湯補之。

瀉白散

桑皮一錢　地骨皮一錢　甘草五分　粳米百粒

右㕮咀水煎服易老加黃連

東垣凉膈散

連翹一錢　甘草五分　山梔五分　薄荷五分

黃芩五分　桂枝五分　淡竹葉五片

右㕮咀水煎服

黃芩一物湯

黃芩三錢

右㕮咀水煎服用黃芩炒為末水丸名清金丸

參朮調中湯

人參　黃芪　甘草　茯苓　五味子

白朮　麥冬　陳皮　桑皮　地骨皮

右㕮咀水煎服

脾火

脾火脉緩。其熱輕手捫之不熱。重按不熱。不輕不重。乃得之。至夜熱甚。此熱在肌肉也。是為脾火發热。其症口燥唇乾。口瘡口臭。煩渴易飢者。按以口為脾竅唇者脾之外候。乾燥煩渴瘡臭者。皆脾火內伏之故也。易老治以瀉黃散。山梔清心肺之火。使屈曲下行。從小便出。藿香理脾肺之氣。去上焦壅熱。辟惡調中。石羔大寒。瀉火解肌。甘草甘平。瀉火培土。重用防風之升浮者。發脾中伏火。又能於土中瀉木也。李東垣云。瀉黃散。非瀉脾也。脾中瀉肺也。實則瀉其子。以脾土為肺金之母也。若脾虛有火以致肌熱者。宜補中益氣湯。或瀉陰火升陽湯。手心熱甚者。火鬱湯主之。臨症審治為要。

瀉黃散

防風四兩　藿香七錢　炒山梔一兩　石羔五錢　甘草二兩

右為末微炒香每服三錢蜜調下

補中益氣湯

人參 黄芪 白术 當歸 陳皮

升麻 柴胡 甘草 生姜 大棗

右㕮咀水煎服

瀉陰火升陽湯

羌活五分炙草五分黄芪炒五分蒼术五分黄芩三分

黄連酒炒二分石羔三分人參三分 升麻四分 柴胡七分

右㕮咀水煎服

火鬱湯

升麻一錢葛根一錢柴胡一錢白芍一錢防風五分甘草五分

右㕮咀葱鬚三十莖水煎服

肝火

肝火脉弦洪。其熱重按肌肉之下。筋骨之上。寅卯尤甚。此熱在血分也。其症脇下痛。卧不安。大小便难。驚怒筋痿。目赤腫痛。按肝屬風木。木盛生火。故發熱甚於寅卯木旺之時。肝胆二经行於兩脇。風火干之。故脇痛而卧不安。肝志為怒。故多怒。肝虚胆怯。故多驚。肝主筋。逢熱則縱。故痿。目為肝竅。風熱盛。故腫痛。肝主疎泄。肝火旺。故二便难。錢乙治以瀉青丸。龍艸大黄。直入厥陰。抑其怒而折之使下也。羌活防風。善搜肝火。從其性而升之於上也。山梔散鬱火。芎歸潤肝燥。補瀉兼施。同為平肝之劑。柴胡飲子亦可。若肝虚生火者。地黄丸補之。脇痛吞吐酸緑水者。左金丸平之。

瀉青丸

龍胆草酒炒 山梔炒 川芎 羌活

大黄酒蒸 當歸酒洗 防風等分

右末之蜜丸每服二錢竹葉湯下

加味地黃湯

生地　元參　山萸肉　茯苓　澤瀉

丹皮　山藥　麦冬　天冬　杜仲

人參　當歸　枸杞子　鹿角膠　續断

右㕮咀水煎服爲丸更妙

狂火

狂者。奔走罵詈。語言錯亂。不避親疎之謂也。此屬陽有餘而陰不足。皆由大鬱於胃。痰滞於脾。水不升。火不降。陰陽相離。孤陽失守所致也。河間治以當歸承氣。湯大黃苦寒。入心包肝胃大腸。湯熱以瀉伏火。朴硝鹹寒。入三焦大腸脾胃。降火以治陽強。當歸辛温。和硝黃入血分以養陰。甘草甘平。協三藥和中土以緩火。加姜枣調和営衛。即經所謂微者逆之。甚者從之者也。盖火屬陽。陽大平。則陰氣復合矣。若虚火盛而有此症者。切不可妄投此藥。犯之必死。當以牛黃膏治之。庶不失手。

當歸承氣湯

當歸四両　大黃四両酒浸　甘草一両　朴硝一両

右㕮咀姜三片枣四枚水煎服亦治裡熱火鬱或皮膚枯燥或咽燥鼻乾或便溺秘結或瘀血發狂本方除朴硝當歸名大黃甘草湯金匱治食已即吐外台用治吐水

牛黃膏

牛黃二錢　硃砂二錢　丹皮二錢　鬱金二錢　甘草一錢　腦子一錢

右末之蜜丸皂子大每服一丸温湯下亦治熱入血室發狂

上焦火

火在上焦者。病在心肺也。其症煩躁口渇。面赤頭眩。口瘡便秘。狂言詁語。盖煩出於肺。躁出於腎。煩躁者。水虧火旺也。口渇面赤者。肺火浮而津竭也。頭眩口

瘡者。心火炎而血熱也。便秘狂言者。火結而神乱也。河間治以涼膈散。熱淫於内。法用鹹寒。佐以甘苦。故以連翹黄芩竹葉薄荷山梔升散於上。而用大黄芒硝之猛利者。推蕩於下。上升下行。火自平矣。加甘草生蜜者。病在膈上。取甘以緩之。若上焦虚火。咽膈有氣。如烟搶上者。當以硃砂涼膈丸治之。若虚大而見煩躁等症者。又當用木通散清心蓮子飲主之。活法也。

涼膈散

連翹四両　山梔炒一両　黄芩一両　薄荷一両

竹葉十二斤　大黄酒浸二両　芒硝二両　甘草二両

右末之毎服三錢生蜜煎服

硃砂涼膈散

黄連　山梔　茯苓　腦子少許　人參各等分　硃砂

右為末蜜丸小豆大硃砂為衣毎服五十丸開水下

木通散

生地　木通　竹葉　粳米　甘草稍

桑皮　桔梗　地骨皮　荊芥等分

右㕮咀水煎服

清心蓮子飲

車前二錢　黄芩炒二錢　麦冬去心二錢　炙草二錢　石蓮肉三錢

赤苓三錢　黄芪炒三錢　人參三錢　柴胡三錢　地骨皮二錢

右㕮咀水煎服亦治心火淋濁五心煩熱夜静晝甚女人崩帯

中焦火

火在中焦者。病在脾胃也。其症身熱汗出。不悪寒。反悪熱。口渇心煩。便秘譫語。腹満燥實。按不悪寒。而汗出悪熱者。邪不在表而在裡也。汗多亡津。熱又入裡故口渇便秘。無水制火。内有燥糞。故詀語腹満。心煩者。火鬱於胃。而上熏於絡

也。仲景治以調胃承氣湯。大黃、苦寒，蕩熱瀉火。芒硝鹹寒，潤燥軟堅。二藥下行甚速，用甘草以緩之。不但清火，亦且不傷胃也。此屬陽明胃火，不宜大瀉，故用此以調之。若虛火而有煩渴等症者，又當用人參白虎湯，或五蒸湯治之。

調胃承氣湯

大黃酒浸一两　芒硝一两　甘草炙五錢

右㕮咀，水煎，少少溫服

五蒸湯

人參　知母　黃芩　茯苓　甘草

生地　葛根　石羔　竹葉　粳米

右㕮咀，水煎服。亦治骨蒸潮熱自汗

人參白虎湯

人參　石羔　知母　甘草　粳米

右㕮咀，水煎服

下焦火

火在下焦者，病在肝腎也。其症咽乾口渴，小便不通，淋痛尿血，或因熱莖腫。按咽乾口渴者，火在下而津不上升也。小便不通者，膀胱熱而氣不宣化也。淋痛尿血莖腫者，肝火逆，腎火炎，氣凝血熱，又兼溼熱下注，而水道不利也。局方治以八正散。木通清肺熱而降心火，以肺為氣化之源，心為小腸之主也。車前清肝熱而通膀胱，以肝脉於陰器，膀胱為津液之府也。瞿麦扁蓄，降火通淋。滑石草稍，利竅止痛。山梔大黃，瀉火下行。此方雖治下焦之火，而藥兼心肺者，必三焦通利，水乃下流，此製方之要法。若下焦虛火，而見咽痛等症者，又當用六味丸，補陰丸為主。滋腎丸亦主之。

八正散

大黃　瞿麥　木通　滑石

扁蓄　山梔　甘草梢　車前

右㕮咀水煎服

六味丸

熟地　山藥　山萸　茯苓　澤瀉　丹皮

右末之蜜丸每服三錢空心開水下

補陰丸

黄柏 盐酒炒四两　知母 盐水炒四两　熟地 酒蒸六两　敗龟板 酥炙六两

右為末猪脊髓和蜜丸每服三錢淡盐湯下

滋腎丸 又名通関丸

黄柏 酒炙一两　知母 酒炒一两　桂心 一錢

右為末蜜丸開水湯下

衰火

衰火者。命門真火欲息也。其症飲食不強。肌肉消瘦。泄瀉畏寒。腰疼陽痿。甚至煩燥渴飲。舌刺面紅。身若火燎。足如火烙。痰湧氣喘。此龍雷之火欲脫。而百骸九竅無長養之根也。是火也。不可以水滅。不可以直折。惟以熱藥入其窟宅而之。試看夏日雷龍火發。每當濃陰大雨。火焰燭天。太陽一照。火即消滅矣。仲景治以八味丸。熟地山萸茯苓丹皮山藥澤瀉。皆濡潤之品。能於火中補水。所謂壯水之主以制陽光。肉桂附子。皆辛熱之品。能於水中補火。所謂益火之原。以消陰翳。令水火得其平。則腎氣得其養矣。是方也。益脾土而培萬物。補真火而壽夭年。其利溥哉

八味地黄丸

肉桂 一两　附子 製一两　熟地 八两　山萸 四两

山藥 四两　茯苓 三两　丹皮 三两　澤瀉 三两

右末之蜜丸每服三錢空心開水下作湯劑亦可

附十補丸

熟地四両 山萸二両 山藥二両 茯苓一両 丹皮一両

澤瀉一両 肉桂一両 附子二両 五味子二両 鹿茸一両

右為末蜜丸每服三錢空心開水下

虛火

人参 黄芪 炙草 白水煎

脉候

浮数無力為虛火 左寸洪数為心火 右寸洪数為肺火

沉實有力為實火 左関洪数為肝火 右関洪数為脾火

両尺洪数為腎火 虛實在有力無力中分别

心胃痛論

考内經論心痛。未有不兼五臟為病者。盖心為君主。義不受邪。倘或受邪名真心痛。死不治。經又云。邪在心則病心痛。喜悲時眩仆。此言包絡受邪在府不在藏也。又云。手少陰之脉動則痛嗌乾心痛渴欲飲。此言別絡受邪在絡不在經也。皆因怵惕思慮。傷神涸血所致也。至於胃脘列處中焦為水穀之海。五藏六府十二經脉。俱受氣於此。壮者邪不能干。弱者着而為病。偏熱偏寒。水停食積遂與真氣相搏作痛矣。又有肝木上乘為賊邪。腎寒厥逆為微邪。挟他藏見症者。或满或脹。或嘔吐或不能食。或吞酸吐酸。或大便難。或瀉利面浮黄腫。此本病與客邪参雜而見者也。世俗所謂心痛者。其胃痛乎。胃之上口。名曰賁門。賁門與心相連。經云。胃脉當心而痛。時人未明此義。見其痛在心口。即呼為心痛須知當心痛者。有三病焉。曰胃脘痛。曰脾痛。曰胸痺。方論復分九種。曰飲。曰食。曰熱。曰冷。曰氣。曰血。曰悸。曰虫。曰疰。更有言風痛。言去来痛者。若不偏識病因将何以為治耶。分列症方於左。

心胃急痛

心為君主。義不受邪。而心之所以痛者。以胃居心口之下。寒氣客於膻中。逆於胃脘。既不能上升。又不能下降。横逆不行。故急痛也。客齋治以落盞湯。陳皮辛苦。宣通五藏。香附甘和。暢利三焦。呉茱萸辛熱。開腠理而逐風寒。良姜辛温。治胃府而除冷痛。合石菖蒲之芳香辛苦者。開心孔。利九竅。驅風逐邪。寛中暢胃。此治急痛之法也。若心胃痛而肢逆身冷。汗出溺清便利不渴者。名為寒厥暴痛。又當以朮附湯温之。

落盞湯

陳皮　香附　良姜　呉茱萸　石菖蒲

右等分水煎先用碗入香油三五點在内小盞盖之將藥淋下勿開盞熱服若心口一點痛者此寒與氣也单用良姜香附等分為末服之

术附湯

白术四錢　附子製一錢　甘草炙一錢

右㕮咀分二服　姜一片　棗二枚　水煎服

心胃寒痛

有身受外寒。口食寒物。大痛不可忍者。其客寒犯心胃也。胃爲水穀之海。溫燥痞寒凉。脾爲倉廩之官。職轉輸之權。若內外受寒所致也。若夫治以加味枳术丸。白术補脾。蒼术燥濕。枳實行氣。半夏治痰。青皮破滯。茱萸寬膈。砂仁快脾。乾薑散逆。厚朴溫中。蓋仁消膈。香附開鬱。木香止痛。麥芽開胃消食。神曲散化痰積。陳皮宣通五臟。豆蔻旋轉三焦。積久生熱。加黃連黃芩以清之。熱因濕。加二苓澤瀉以利之。用白螺殼甘草治上以去積也。

加味枳术丸

白术炒五　蒼术炒五　枳實炒五　半夏製五　青皮炒二錢

茱萸炒一錢　砂仁一錢　乾薑五分　厚朴薑炒錢半　蓋仁一錢

香附五分　木香二錢　麥芽五　神曲五　陳皮一錢

白豆蔻一錢　黃連錢半　黃芩錢半　茯苓五分　豬苓一錢

澤瀉一錢　白螺殼六分　甘草二錢

右末。以荷葉包燒米飯爛搗爲丸。梧子大。每服一百丸。清米飲下。氣痛

方　人參　甘酸水　右吳茱萸

心胃血痛

胃爲水穀之海。多氣多血。三陽以滋。五臟六府十二經脈。皆稟受氣於胃。則氣行陽則氣滯。氣行血行。氣滯血瘀。故有死血留於胃脘。作痛者。其症脈必澀。則痛作時。若飲湯水則嘔逆。留困害食。年載縈縈。口腹所致也。以平藥治以元桂以活經以治血。桃仁散瘀。桂心伏血止痛。延胡索調血和氣。滑石利竅散結。如不已。桃仁承氣湯利之。若心胃刺痛。連胸脇背者。勝金散。祛痛散主之。如婦人血入心

脾痛甚者。河間四物湯。倍川芎。煎湯調沒藥散。臨症審治為要。

元桂丸

元胡索各五分 滑石五分 紅花五分 紅曲五分 桂心二分 桃仁五分

右末之蜜丸每服三錢姜湯下

祛痛散

青皮炒二分 五靈脂二分 川練肉二分 山甲炙二分 良姜香油炒五

玄胡索分五 沒藥分五 沉香分 茴香二分 木香二分 砂仁一錢

右為粗末用木鱉去殼一錢切片同炒至焦香去木鱉研末每服一錢

加鹽少許用酒調下

勝金散

桂心 元胡索 五靈脂 蒲黃等分

右為末每服三錢加當歸一錢水一盞酒半盞同煎和服

桃仁承氣湯

桃仁 製軍 芒硝 甘草 桂枝

右㕮咀水煎服

沒藥散

沒藥去油一錢 乳香去油一錢 桃仁去皮 紅麴一錢 地鱉虫焙五錢

右為末每服一錢酒調下

河間四物湯

當歸二錢 川芎二錢 白芍酒炒一錢 紅花一錢 熟地一錢 元胡索一錢

右㕮咀水煎服

心胃氣痛

有心胃氣痛者。其症氣自腰腹上攻心胃。痛不可忍。腹中冰冷。自汗如洗。手足厥逆。按氣從腰腹上攻者。肝腎不固也。腹中冰冷者。陰寒內伏也。自汗厥逆者。

真陽欲絶也。宻齋治以倉卒散。氣逆為火。故用山梔降火即所以降氣也。氣散亡陽。故用附子回陽。即所以固氣也。寒熱并用。今附子恊山梔通行十二經。更加酒煎以通脉活絡。陽氣復而逆氣平則痛止矣。散名倉卒者。因病在倉卒而名之耶定痛湯亦妙。

倉卒散

山梔 四十九枚連殼搥碎炒焦　附子 炮去皮一枚

右末之每服二錢酒一盞煎服

定痛湯

附子 炮一錢　吴茱萸 五分　乾薑 五分　官桂 錢五

白芍 酒炒一錢　延胡索 炒錢五　香附 炒錢五　甘草 一錢

右㕮咀水煎酒和服

心胃虫痛

虫痛者。時作時止。往来上下。嘔吐清水。面白唇紅。面上必有白斑隠於皮膚。蓋胃属土。土生湿。湿生熱。熱積鬱而生虫。虫在腸胃。嗅食故作痛也。上半月虫頭向上。下半月虫頭向下。凡取虫者。須於上弦前取之。潔古治以蕪荑散。蕪荑苦練。殺虫定痛。雷丸君子。殺虫消積。虚者用苦練根和肉汁煎服。實者用雄黃觧毒丸下之。若虫咬心痛。毒藥不愈者。用金匱甘草粉湯治之。皆良法也。虫之形狀不一。各從五臓變化。心火為羽虫。肝木為毛虫。肺金為介虫。腎水為鱗虫。脾土為蚘虫。倮虫。俱能耗人津液成消渴大症。㧾宜苦練等藥治之。

蕪荑散

蕪荑　雷丸　使君子　白苦練根

右為末每服三錢開水下

雄黃觧毒丸

雄黃　川鬱金　巴豆

右末之蜜丸梧子大每服五丸開水下

甘草粉湯

甘草二兩　黄蜜四兩　粳米粉一兩

右㕮咀水三升煮取一升去渣入粳米粉一兩蜜四兩攪匀再煮如薄粥温服此以甘味取虫投其好而殺之仲景之精義也

心胃疰痛

疰者。鬼病也。其症心胃痛不可忍。昏憒妄言。此臟府為寒邪所困。氣道閉塞。一時卒痛。致令心主不明。昏憒妄言。如鬼作祟。故曰鬼疰。元素治以蘇合香丸。白术苦温補脾。訶子濇温固氣。犀角酸苦清心。朱砂味甘鎮神。丁香温胃益腎。蓽拔散鬱調中。加龍腦、香附、檀香、沉香、射香、安息香、青木香、蘇合香者。通關利竅。以行週身之氣也。氣道通則血液暢。五臟和痛即愈矣。豈真有鬼祟哉。

蘇合丸

白术　犀角　訶子　朱砂　丁香
沉香　檀香　射香　蓽拔　龍腦
香附　安息香　青木香　蘇合香　陸熏香

右末之蜜丸彈子大每服一丸開水下

心胃悸痛

悸者。動也。悸痛者。悸動而痛也。其症儼如心跳。又似怔忡。但胸中隱隱作痛。食少不眠。呼吸不利。此心胃虛而氣不足也。皆由思慮勞傷所致。濟生治以加味歸脾湯。參术黄芪甘草之甘温者。補脾益胃。茯神遠志棗仁元眼之甘酸者。固氣寧心。當歸養陰和血。木香調滯舒脾。加煨姜温胃。肉桂通陽。菖蒲利膈。此治悸痛之要法。痛定後。再以小健中湯補之。

加味歸脾湯

人參乄五　黄芪炒乄五　白术炒乄五　當歸乄　茯苓二乄

遠志炒八分 棗仁炒一錢 木香五分 甘草炙三分 元眼肉三錢
石菖蒲八分 肉桂心三分 煨姜三片
右㕮咀水煎服一方加柴胡山梔

小建中湯

白芍 甘草 飴糖 肉桂 大棗
水煎服

心胃火痛

心胃火痛者。其症口渴便秘。心中如火刺痛。忽增忽減。按胃為濕土而居心下。脾司運化而灌四旁。若脾元虛弱。不能為胃磨食而行津液。則濕土積熱。鬱鬱則生熱。熱則生火。故有渴秘刺痛等症。中梓治以清中湯。黃連苦寒。燥濕瀉火。半夏辛溫。開胸下氣。山梔苦寒。降火散鬱。草蔻辛熱。溫胃建脾。茯苓滲濕和中。甘草甘平益土。陳皮辛苦通陽。火散胃和。其痛立止。痛輕者。仲景梔子生姜湯。亦妙品也。善治者。其通變乎。

清中湯

黃連二錢 梔子炒二錢 陳皮錢五 製半夏一錢
茯苓錢五 甘草六分 生姜一片 草豆蔻七分
右㕮咀水煎服

梔子生姜湯

生薑一錢 山梔三錢 右㕮咀水煎服

心胃風痛

風者善行數變。入於皮膚則痒。入於筋脉則強。若風冷乘虛。客於腸胃則痛矣。其症舉發時。肌膚紅痒。疙瘩遍身。胸口急痛。此胃受風淫。木邪尅土之候也。皆由醉飲汗出當風之故。東垣治以胃風湯。葛根辛甘。鼓胃氣上行而觧肌。藁本辛溫。除濕氣下行而止痛。白芷芳香。入陽明透表而定痒。蒼术甘辛。發胃陽燥

温而強脾。羌活苦辛。捜風利節。蔓荊苦寒。入胃通竅。黄柏苦寒瀉火。草蔻辛熱散鬱。加當歸甘草。養血和中。柴胡升麻。升清降濁。生姜大棗〻。益衛調营。風去胃和。痛有不平者乎。

胃風湯

葛根一錢　白芷一錢　升麻五分　柴胡五分　羌活五分

藁本五分　蒼朮五分　當歸七　黄柏蜜炒三分　炙草五分

蔓荊子三分　草豆蔻三分　生姜一片　大棗〻二枚

右㕮咀水煎服一方加姜汁炒山梔一錢去姜棗〻

心胃虚痛

心胃虚痛者。其症按之不痛。食飽不痛。此膻中之氣不足也。皆因氣血虧損。素妄作勞。或老年辛苦。或病久失調所致。東垣治以補中益氣湯。肺者氣之本。黄芪補肺。脾者肺之本。参艸補脾。白朮益胃強中。當歸養陰滋血。升麻升陽明清氣。柴胡升少陽清氣。陽升則萬物生。清升則濁陰降。加陳皮調滯。姜棗〻行津。良法也。曰補中者。補膻中之元陽。益脾胃之厚土也。他如十全建中。人参養榮湯不俱可臨症酌用乎。若妄投温燥則敗矣。

補中益氣湯

人参　白朮　黄芪　當歸

陳皮　甘草　升麻　柴胡

右㕮咀姜棗〻煎服

小建中湯

黄芪　白芍　甘草　官桂　飴糖　大棗〻

右㕮咀水煎服

人参養榮湯

人参　黄芪　白朮　茯苓　甘草

熟地　白芍　當歸　棗子　遠志
陳皮　桂枝　生姜　大棗

右㕮咀水煎服

十全大補湯

人參　黄芪炒　白术炒　茯苓　甘草炙　附子炮
熟地　白芍酒炒　當歸酒洗　川芎　肉桂

右㕮咀水煎服

膈痛

膈痛即胸痛也。與心痛不同。心痛在岐骨陷處。本非心痛。乃心支别絡痛耳。膈痛則横滿胸間矣。其又與胃脘痛别者。胃脘在心之下。膈痛在心之上也。準繩言膈痛。多因積冷與痰氣而成。宜四七湯加木香。氣上急者。蘇子降氣湯。去前胡加木香。痰壅者。小半夏茯苓湯。加枳實。間進半硫丸。痛引背脇者。補肝湯。準繩又言。諸湯藥雖云對症。不若用四物湯。十全大補湯去桂。生血益陰。以水制火爲妙也。臨症者。其審色按脉。詳察各經。細究病因施治乎。

四七湯

人參一錢　官桂一錢　半夏一錢　甘草五分　木香五分

蘇子降氣湯

蘇子　半夏　厚朴　橘紅
當歸　甘草　肉桂　木香

右㕮咀水煎服

小半夏茯苓湯

半夏　茯苓　生薑　枳實

右㕮咀水煎服

半硫丸

半夏 製　硫黃 製 等分

右為末姜汁糊丸每服五分開水下

補肝湯

山茰肉 三錢　甘草 三錢　桂心 三錢　桃仁 一錢　細辛 五分

茯苓 一錢　防風 一錢　柏子仁 一錢　大棗 三枚

右㕮咀水煎服

四物湯

當歸　熟地　白芍　川芎

右㕮咀水煎服

十全大補湯

人參　白术　茯苓　甘草　熟地

當歸　白芍　川芎　附子 炮

右㕮咀水煎服

心痓

痓者。病也。心痓者。病在心經之界也。準繩云。此疾飲所致。俗名飲痓。有胃口熱食易消者。亦曰痓。素問謂之食痓。頗類消中之狀。俗名肚痓。若痰氣為患者。治以小半夏茯苓湯。加枳實一錢。若胃中有熱者。治以二陳湯。加黄連一錢。或用五苓散去桂加辰砂。亦有病痓症。呷姜湯數口即愈者。此屬膈上停寒。中有伏飲。故見辛味則愈。臨症者。宜分別審治。庶不失手。王宇泰醫韓敬堂膈痛。診其脉洪大而濇。用山梔仁紅麯通草。麥芽香附。當歸川芎。煎湯加姜汁韭汁童便竹瀝和服即瘥。後因勞餓復發。飲以十全大補湯一劑而痛止。此亦心痓類也。其活法如此。

小半夏茯苓湯

半夏　茯苓　生姜　枳實

右㕮咀水煎服

二陳湯

橘紅　半夏　茯苓　甘草　黃連

右㕮咀水煎服

五苓散

白术　茯苓　猪苓　澤瀉　辰砂

右㕮咀水煎服

心包絡膻中痞痛

心不受邪。其受邪者包絡也。其作痛者氣鬱也。夫氣鬱則必有痰。痰氣并結。故未有不痛。百問治以參貝湯。丹參平苦。入心包而通血脉。貝母辛寒。瀉心火而舒肺鬱。遠志辛温。開心利竅。菖蒲辛苦。開胃除痰。益智辛熱。散結攝涎。橘紅辛苦。調中快氣。加當歸之甘苦辛温者。其益陰和血而療諸痛乎。此治膻中作痛之準方也。又立加減法於後。

參貝湯

丹參一錢　貝母一錢　橘紅錢二　當歸一錢

遠志五分　菖蒲五分　益智仁五分

右㕮咀水煎服如血瘀痛加紅花延胡索各一錢去丹參遠志益智仁如有痰涎加茯苓半曲各一錢五分去丹參當歸如有鬱火加黃連五分如煩勞思慮加棗仁二錢人參茯苓各五分去貝母減橘紅五分

胃脘痛

胃為水穀之海。主司納而氣化者也。若氣滯不運。則水穀亦停。横逆中焦。故作痛也。此為胃實。百問治以香山飲。木香辛苦。和脾氣而利三焦。查肉酸鹹。瀉滯氣而消食積。延胡温苦。以平内外諸痛。草蔻辛温。以開上下之鬱。陳皮苦温。

利膈寬中。半夏辛温。逐痰和胃。加生姜以通陽。此治胃痛之主方也。但見症不一。其變通加減乎。

香山飲

木香三分　山查炒三錢　草蔻五分　延胡索炒一錢
陳皮錢五　半夏錢五　生姜一片

右㕮咀水煎服　如氣滯加砂仁五分桔梗一錢去木香豆蔻　如食滯加神曲一錢五分麦芽厚朴各一錢去木香延胡索豆蔻　如受寒加防風豆豉各二錢蘇葉一錢五分去木香豆蔻延胡　如傷熱加乾葛三錢黄連五分去山查木香　如有虫加烏梅花椒去木香豆蔻　如血瘀加桃仁一錢五分紅花一錢肉桂五分去半夏豆蔻

心胃冷痛

冷痛者。因食瓜菓生冷。一切油膩寒物。停留胃中之所致也。按胃為脾之府。府病則藏亦病矣。甚至痛牽兩脇。古人又名為脾痛者是也。蓋氣貴宣通。寒則滯。滯則凝。凝則逆。逆則氣閉作痛。法宜温中為主。保命治以燒脾散。其方用良姜乾姜之辛熱者。以逐寒。草菓砂仁之辛温者。以逐冷。陳皮厚朴之温苦者。以行氣。神曲麦芽之甘鹹者。以化滯。加甘草之甘平者。以調中。此治冷積之要方也。若胃先痛而脾後痛。以致中滿者。即以和劑抽刀散治之。

燒脾散

乾姜　良姜　草菓　砂仁　陳皮
厚朴姜炒　麦芽炒　神曲炒　甘草等分

右為末每服三錢炒熱塩湯點服

和劑抽刀散

生姜五兩剉入巴豆一錢二分同炒至巴豆黑色去巴豆不用　良姜五兩剉入斑猫二十五个同炒至斑猫黑色去斑毛不用
石菖蒲五兩五錢不見火　糯米六兩五錢炒黄

右為末每服二錢空心酒下

心胃熱痛

河間云。有熱厥心痛者。其脉浮大而洪。其症身熱痛甚。則煩躁嘔吐。額角汗出。知為熱也。當先灸大谿崑崙四穴。以瀉表裡之邪。按胃喜溫而惡熱。胃之所以有熱者。因外感寒邪。内傷飲食。寒滯化熱。積於胃脘。以致熱邪上蒸心膈。故身熱躁煩嘔吐汗出。而成心胃之熱厥痛矣。河間先用灸法。後以金鈴子散治之。延胡索調血中之氣。氣中之血。以止痛。合金鈴子以瀉熱。引心包相火下行。令氣行熱散。痛自止矣。再以枳朮丸。以去未盡之餘邪。此治熱厥心胃痛之一法。

金鈴子散

金鈴子 延胡索 等分

右末之每服二錢酒調下

枳朮丸

白朮炒 枳實炒焦

右為末蜜丸每服二錢開水下

心胃熱痛

病有熱氣乘心胃而作痛者。此胃府積熱也。飲食入胃。上輸於脾。脾氣散精於肺。通調水道。下輸膀胱。若胃有溼熱。戊土反因火化。其氣上乘心包。故作痛也。保命集治以生地膏。生地甘寒滋水。而清脾胃之血熱。赤苓甘淡滲溼而利脾胃之溼熱。前胡甘以悅脾。苦以瀉火。能除實熱而下氣。菖蒲辛以利竅。香以開胃。能舒胸膈而消積。加黃蜜之甘甜者。潤燥以滋膜也。若膈上結熱。按之則痛。及痰熱塞胸痞悶者。宜小陷胸治之。

生地膏

生地罗取汁 赤苓七錢 前胡五錢 石菖蒲五錢

右将赤苓前胡菖蒲研末用黃蜜一盞生地汁一盞和為膏丸彈子大

每服一丸柴胡煎湯調下

小陷胸湯

製半夏二錢　姜仁霜三錢　黄連一錢

右㕮咀水煎服

心胃飲痛

飲者。痰飲也。痰飲本不痛。其所以痛者。乃氣鬱而飲不行。痰滯而氣不降也。皆由積湿生飲。積飲生痰。積痰生熱。熱則傷胃。胃氣閉塞。故作痛也。丹溪治以山海導痰湯。山梔苦寒。觧三焦之鬱熱。海石鹹寒。除上焦之痰熱。香附辛甘。散六鬱而療諸痛。川芎辛温。開諸鬱而助清陽。加姜汁暢胃調中。化痰利膈。丹溪云。凡心胃初起疼痛。因寒因食者。法宜温散。若鬱久成熱者。再投温劑。不助痛乎。古方多用山梔為君。熱藥為之鄉導。則邪易伏。病易愈。

山海導痰湯

山梔　海浮石　川芎　香附　姜汁

右㕮咀水煎姜汁和服

心胃痹痛

痹痛者。胸痹痛也。其症喘息咳嗽。胸背痛。短氣。按胸中即心胃之地。痛則氣逆而喘嗽。諸陽受氣於胸中。轉行於背。氣痹不行。不但心胃作痛。而胸背亦痛而短氣矣。其所以痛者。痰也。熱也。氣滯也。金匱治以括蔞薤白半夏湯。喻嘉言云。胸中陽氣。如離照當空。設地氣上為雲霧。則晦矣。故知胸痹者。陰氣上逆之候也。仲景用薤白辛滑益陽。括蔞甘寒清熱。半夏辛温通陰陽而逐痰。白酒辛甘和氣血而行滞。凡心痛徹背。而胸痹不得卧者。宜此湯主之。世嘗不知胸痹為何症。習用豆蔻木香柯子枳殻。耗散真陽。至死不觧。可嘆也夫。

括蔞薤白半夏湯

括蔞一箇　薤白三兩　白酒四升　半夏半升

右㕮咀水煎服本方除白酒加枳實厚朴桂枝名枳實薤白桂枝湯治
胸痺氣結在胸〻滿脇下逆搶心

心胃食痛

河間云。有卒時心胸髙起。按之愈痛。不能飲食。大便不通者。此名大寔心痛。皆由食後怒氣所致。世俗所謂氣裹食者是也。盖怒則氣上。食滞而氣不行。鬱於胃脘。故作痛也。先以煑黄丸利之。雄黄辛温得正陽之氣。捜肝強脾。而消積聚巴豆辛熱有升降之功。宣滞開竅而除食痞。白麪甘温。和中州之土。寛腸助胃而平脹滿。氣行食消。大便通利。痛即止矣。後以藁本除湿止瀉。蒼朮燥胃強脾。並以鮮雄黄巴豆之熱邪也。若食熱鬱者。又當用黄連六一湯治之。此河間法也。

煑黄丸

雄黄一两　巴豆去油五錢　白麪二两

右研末水疊丸桐子大每服時先煎漿水四五沸下二十四丸再一二沸撈入冷漿水内即用漿送下二丸少頃再服二丸分十二次服完以利為度如服二三服即利者停後服

藁本湯

藁本二錢五　蒼朮五錢　右㕮咀分二服水煎

黄連六一湯

黄連六錢　附子炮一錢

右㕮咀姜三片枣二枚水煎服并治胃痛諸藥不効者

心胃積痛

有酒積食積茶積肉積。痰積。在胃脘當心而痛者。其症肌肉漸瘦。時痛時止。或按之痛甚。或不食不痛。或食後即痛。或痞滿悪心嘈雜。或噯氣吞酸嘔吐。皆由胃強脾弱。厚味生冷。貪饕不節。寒則脾元不運。表裡邪滞。則胃氣不行。法宜温散。東垣治以麻黄豆蔻丸。黄芪白朮補氣。當歸紅花和血。麻黄吴萸去表裡

之寒邪。半夏砂仁。去内外之寒滞。升麻柴胡升清。麦芽神曲降濁。厚朴温中下氣。益智散結和陽。陳皮利氣。甘草調中。澄茄草蔻除冷。木香青皮行滞。此按寒痛之法也。若客寒犯胃無表症者。或因湿熱鬱結作痛者。東垣又以草豆蔻丸主之。

麻黄豆蔻丸

麻黄 木香 紅花 厚朴 當歸
白术 青皮 半夏 蓽澄茄 升麻
柴胡 麦芽 神曲 草蔻 砂仁
黄芪 甘草 吴茱萸 益智仁 陳皮

右為末湯浸蒸餅為丸桐子大每服五十丸白湯化下一方有草蔻仁 益智仁

草豆蔻丸

草豆蔻 一两 橘紅 八分 人参 八錢 殭蚕 八錢 益智仁 八錢
吴茱萸 八錢 黄芪 八錢 甘草 六錢 青皮 四錢 當歸 六錢
澤瀉 一錢 半夏 一两 桃仁 五錢 麦芽 一两 神曲 四錢
柴胡 三錢 姜黄 四錢

右為末湯浸蒸餅為丸桐子大每服三十丸白湯化下久病鬱熱者加炒黄芩一两姜汁炒黄連一两死血痛去草蔻殭蚕加川芎五錢延胡索一两

脉候

痛脉多見右関 弦為食痛 濇為血痛 弦遲寒痛 洪数熱痛
滑大痰痛 脉伏者痛甚 短数者痛 脉大者久病 微急者痛
脉細小沉遲者生 實大浮長滑数者死 六脉全無手足青者死
堅大浮長滑利緊数者皆难愈 大痛而喘人中黑者死

頭痛論

經云。風氣循風府。而上為腦風。新沐中風為首風。又云頭痛數歲不已者。此犯大寒内至骨髓。髓以腦為主。腦逆故頭痛齒亦痛。名曰厥逆。又云頭痛。巔疾。下虛上實。過在少陰巨陽。又云頭痛耳鳴。九竅不利。腸胃所生。又云頭痛甚。腦盡痛。手足寒至節。死不治。按經文論頭痛風也。寒也。虛也。運氣論頭痛十條。傷寒論太陽頭痛一條。其皆言六氣相侵。與真氣相搏。壅遏清道。而痛乎。考五藏精華之血。六府清陽之氣。俱會於頭。以頭為諸陽之首也。天氣六淫之邪。人氣五賊之變。皆能蔽其清明。令人頭痛。古方每用風藥何也。高巔惟風可到。須知在風寒湿者。固為正用。若虛與熱者。又當補養滋陰。假風藥引經可耳。丹溪云暴痛者。名頭痛。久痛者。名頭風。頭風往往瞎眼。經所謂東風生於春病在肝。目者肝之竅。肝風動則邪害空竅。而目為風所傷矣。醫者察内外之因。分虛實之症。胸中洞然。庶手病除。為杏林之高士歟。

腦風頭痛

素問云風氣循風府。而上為腦風。考風府。在項後髮際一寸。大筋内宛中。因風邪入腦。留滯不散。以致巔頂冷痛難忍。脊背怯寒不已。故曰腦風。河間治以仲聖散。其方用麻黃細辛。性味辛温者。直入頭腦以驅風。荊芥薄荷。性味香散者。並走太陽以逐邪。加藿香之辛甘微温者。以除惡氣。乾葛之性辛味甘者。以開腠理。非此不足以治之也。

仲聖散又名神金散

麻黃　細辛　荊芥　薄荷　乾葛　藿香等分

右為末每服二錢荊芥薄荷各一錢煎湯和酒調下並治血風若腦風痛不可忍者用遠志末少許吹鼻中兼服仲聖散

首風頭痛

素問云。新沐中風為首風。按沐者。洗浴也。新沐中風者。是洗頭面時。因熱水開

發毛竅。感冒外風也。首風之狀。頭面多汗悪風。甚則眩運疼痛。胃膈痰飲。河間治以大川芎丸。川芎辛溫。升浮。助清陽而開諸鬱。上行頭角。散結搜風。天麻性味辛溫。治眩掉而定頭旋。強陰益氣。通脉疎痰。研末蜜丸。用茶酒服者。借以清上達下而行藥力也。茶調散亦可。

大川芎丸

川芎 一斤　天麻 四兩

右研末蜜丸每兩作十丸每服一丸茶酒調下

茶酒調散

石羔　菊花　細辛　香附 等分

右為末每服二錢茶酒各半調下此方治一切諸風痰壅目涟昏眩頭痛心憒煩熱皮膚疼痒並風毒壅滞

厥逆頭痛

素問云。頭痛数歲不已。此寒犯腦髓。故頭痛齒亦痛。名曰厥逆。按諸髓屬腦。大寒入髓。則腦痛数歲不已者。其邪深也。髓為骨之精。齒乃骨之餘。故頭痛而齒亦痛。厥逆者。邪逆於上也。易老治以羗活附子湯。羗活入膀胱肝腎以去風。防風入肝肺脾胃以散逆。白芷入大腸肺胃。而定頭疼齒痛。麻黄入心肺大腸。而能逐寒發汗。升麻升清氣於上。黄柏降相火於下。黄芪益元氣而溫三焦。蒼术散風寒而開諸鬱。殭蚕袪風勝湿。甘草調中和胃。加附子引表藥。開腠理。以逐数歲之沉寒。良法也。

羗活附子湯

羗活　附子 炮　麻黄　防風　白芷　甘草

黄柏　殭蚕　蒼术　升麻　黄芪

右㕮咀水煎服

巔疾頭痛

石膏　荊芥　細辛　香附等分

羌活附子湯

黃柏　殭蠶　蒼术　升麻　黃芪

右㕮咀水煎服

巔頂痛

素問云。頭痛巔疾。下虛上實。過在足少陰巨陽。按頭乃六陽之首。而太陽為巨陽。其脉交巔。其支別者。從巔至耳上角。其直行者。從巔入絡腦。下虛。少陰腎虛也。上實。巨陽膀胱實也。腎虛不能攝巨陽之氣。虛邪上行。故巔痛也。甚有筋攣者。又名為腎厥頭痛。河間治以玉真丸。硫黃補命門之真火。硝石降在上之陽氣。痛則有火。用石羔以清之。痛則有湿。用半夏以燥之。加姜汁以通神明。此治腎厥巔痛之大法也。来復丹亦主之。愈後以固真丹補之。

玉真丸

硫黃二两　石膏煅一两　半夏湯洗一两　硝石一两

右為末姜汁丸桐子大每服二十丸姜湯下炙関元百壮寒甚去石羔

来復丹

用鐘乳粉

太陰元精石　舶上硫黃　硝石各两硝黃同微炒不可大火柳條攪結成砂

五靈脂去砂　青皮　陳皮各一两

右末之醋丸桐子大每服三十丸米飲下

固真丹 色慾過度腎虛眩運并巔痛者

熟地炒两　山萸两　茯苓两　山藥炒两五钱　澤瀉五钱

丹皮一两　人參一两　黃芪一两　白朮一两　五味子炒五钱

當歸一两　杜仲酒炒两　黃柏一两　補骨脂炒两

右末之蜜丸每服三錢空心淡盐湯下

耳鳴頭痛即氣虛

素問云。頭痛耳鳴。九竅不利。腸胃所生。考腎開竅於耳。腎虛則耳鳴九竅不利者。氣虛不能上達也。腸胃者。衝門之道路。氣之所往来者也。氣虛不能上升於巔頂。則頭痛矣。東垣治以加味補中益氣湯。肺為氣海。黃芪補肺。脾為肺本。參草補脾。白朮益氣。當歸養血。升柴升清。陳皮調滯。姜棗行津。加白芍斂陰。川芎助

風入太陽。柴胡入少陽。皆辛輕上升。祛風勝濕之品。加酒炒黃芩黃連者。借羌防之屬以升之。能去風濕熱於高巔之上也。丹溪云東垣此方。治諸般頭痛皆效。惟血虛頭痛。從眼角魚尾相連痛者不效。以風藥多燥血乎。

清空膏 并治偏正頭痛年久不愈

黃芩酒炒兩 黃連酒炒兩 羌活兩 防風兩

柴胡七錢 川芎五錢 甘草炙兩五錢

右為末每服三錢茶調如膏白湯下心煩者加麦冬丹參如少陰頭痛足寒氣逆加細辛太陰頭痛脉緩有痰去羌活防風川芎炙草加半夏如偏頭痛服之不愈去羌活防風川芎一半加柴胡一倍如自汗發熱惡熱口渴此陽明頭痛另與白虎湯加白芷

蒼蒼散 丹溪治風濕熱頭痛神效

蒼耳子炒三錢 黃芩酒炒兩 蒼朮五錢 羌活五錢 防風五錢 細辛五分

右為末生姜三片取汁和末三錢茶調下

又方 治同上

蒼耳子三錢 蒼朮三錢 黃芩酒炒五錢 黃連錢五

半夏曲三錢 川芎一錢 羌活一錢 甘草錢五

右為末服法同上

熱厥頭痛

熱厥頭痛者。當嚴冬酷冷。猶喜風寒。暑見溫暖。其痛更甚。按頭為諸陽之首。而亦未始不惡寒者。若時值嚴冬。反喜寒惡熱。此熱鬱於內。遂喜寒束於外也。不清其熱。則痛不止。東垣治以清上瀉火湯。黃芩黃連黃柏知母瀉火。羌活荊芥防風藁本去風。細辛蔓荆通竅。柴胡升麻升清。生地芎歸養血。黃芪甘草補氣。加蒼朮開鬱。紅花活絡。此治熱厥頭痛之要方也。若頭目昏痛而亦畏熱者。此風熱也。東垣羌活湯主之。

清上瀉火湯

生地一錢　當歸五分　川芎[illegible]　紅花[illegible]　甘草三分

黃連酒炒　黃柏酒炒　黃芩酒炒　知母酒炒

羌活三分　防風四分　藁本四分　柴胡[illegible]　升麻[illegible]

細辛三分　蒼朮五分　荊芥八分　[illegible]

右㕮咀，水煎服。一方有[illegible]

羌活湯　治風熱頭痛

羌活六分　防風六分　黃連酒炒　黃芩酒炒　柴胡四分

黃柏酒炒　[illegible]　茯苓各五分　澤瀉三分　甘草三分

右㕮咀，水煎服。

痰厥頭痛

痰厥頭痛者，身重如山，[illegible]厥逆也。痰逆則上實，故有身重頭痛等證。此屬太陰脾經，濕痰所致。東垣以太陰頭痛必有痰，[illegible]半夏天麻白朮湯。痰非半夏不除，頭旋非天麻不定，[illegible]溫燥濕，[illegible]滌中寒，以黃柏之苦寒療少火在泉之燥也。[illegible]

半夏天麻白朮湯

半夏製　天麻　白朮　蒼朮炒　茯苓

澤瀉　乾薑　黃芪炒　人參　橘紅

神曲　麥芽　黃柏酒炒

右㕮咀，姜三片，水煎服。

痰火頭痛　附風痰

痰火頭痛者，[illegible]

脉掣。大妄動也。胸悶痰嗽者。此血虚而痰火壅滞於中也。宻齋治以清和飲。芎歸芎地。以養血。橘苓夏草以除痰。加黄芩之苦寒者。養陰瀉火。薄荷之辛凉者。散熱消風。竹瀝清火化痰。薑汁通陽利膈。更用童便之鹹寒者。導上焦之火。下行。而從小便以利之。如無痰症。頭見風而益痛者。此屬風虚。宜加味四物為主。其血和風滅之義矛。若頭重苦眩。食不知味。此屬腎虚脾弱。風入其中。濁陰上逆之故也。亦名風虚。宜白术附子湯主之。

清和飲

生地　當歸　川芎　白芍　黄芩

製半夏　橘紅　茯苓　甘草　薄荷

右㕮咀水煎竹瀝姜汁各一大匙加童便一杯和服

加味四物湯

生地三錢　當歸一錢　白芍錢五　川芎八分

防風六分　荆芥六分　秦艽八分　羌活六分

右㕮咀水煎服

白术附子湯 近効方

白术二兩補脾　附子一枚炮補腎　甘草一兩和中

右研末每服五錢姜東煎服

傷食頭痛

傷食頭痛者。胸滿悪食呑酸噯腐。按胃為陽氣之總司。五藏六府十二經。皆受氣於胃。若食滞中宫。則胸滿。食積不化。則悪食。頭痛者。氣逆而清陽不暢也。呑酸噯腐者。此飲食填於脾胃。肝氣不能疎達。所謂木乘土位。曲直作酸。酸從火化是也。易老治以香砂枳术丸。香附和三焦而開六鬱。砂仁醒脾胃而利中州。白术補脾。得枳實則散滿。神曲化滞。得麦芽則寛胸。加山查消食行氣。令胸中之濁陰下降。則清陽上升。而頭痛即痊矣。

香砂枳朮丸

香附米湯炒万 枳實炒焦五錢 白朮炒万 砂仁一两
神曲炒五錢 麦芽炒五錢 山査肉炒五錢

右研末米湯煮荷葉為丸毎服三錢開水下一方無香附有木香

傷酒頭痛

傷酒頭痛者。口渴咽乾。暈運目脹神昏。筋脉抽痛。按酒性上升。敗血損氣。酒動濕熱。助火生痰。乾渴者。酒傷津液也。運痛者。酒傷經絡也。酒能亂性而伐肝。肝藏魂。開竅於目。醉飲者。安得不神昏目脹耶。仁齋治以葛花醒酒湯。葛花入陽明。解酒止渇為君。參苓入太陰。生津益氣為臣。加知母清火降熱。砂蔻調胃和脾。神曲化水穀而去滯。麦芽消腫満而寛腸。陳皮順氣。生姜散鬱。用猪苓者。導水以利酒也。

葛花醒酒湯

葛花三錢 人參一錢 茯苓一錢 知母一錢 猪苓錢五
砂仁五分 白豆蔻五分 神曲一錢 麦芽一錢 陳皮五分

右㕮咀薑一片水煎服

偏左頭痛

丹溪云。左邊頭痛者。属風属血。按肝為血海。其脉上行於左。肝為風木。其氣上入於巔。若肝風與外風相搏。其痛故偏於左也。治以加味四物湯。川芎性味升浮。助清陽而開諸鬱。當歸性味辛温養肝血而通諸脉。熟地甘温滋水。白芍酸苦歛陰。加荆芥之辛温者。入肝経氣分。上行頭目。以散風。薄荷之辛凉者。搜肝経風熱。清利頭目以去邪。更加黄柏之苦寒者。入太陽而瀉膀胱相火。滋下即所以清上也。

加味四物湯

當歸一錢 熟地二錢 白芍一錢 川芎一錢

荆芥五分 薄荷五分 黄柏八分

右㕮咀水煎服

偏右頭痛

丹溪云。右邊頭痛者。屬熱。屬痰。屬氣。按肺為氣海。其脉雖不上頭。其氣行於右。而統領週身之元氣者也。若脾有熱痰滯於中膈。則清陽之氣不達於上焦。逆於右而不暢。其痛故偏於右也。治以加味二陳湯。蒼术白术辛温燥濕。陳皮半夏辛苦逐痰。茯苓甘草瀉濕和中。加黄芩苦寒清熱。川芎辛散通陽。薄荷辛凉活絡。去中焦之痰熱。即以清在上之逆氣也。

加味二陳湯

陳皮一錢 半夏製錢五 茯苓一錢 甘草五分 薄荷五分

黄芩酒炒錢 白术一錢 蒼术五分 川芎七分

右㕮咀水煎服熱重加黄連

偏正頭痛連眼痛者

按頭額正痛。而兼左右并痛者。為偏正頭痛。其痛更連於目者何也。考太陽膀胱之脉。起於目内眥。上額交巔。直入腦絡。還出別下項。病則頭痛。又少陽胆脉起於目銳眥。上抵頭角。病則牽連目痛。此皆屬風干陽腑之候也。全善治以菊花茶調散。羌活防風。入太陽以搜風。白芷川芎。助清陽以散鬱。細辛薄荷。入肝胆以祛邪。荆芥菊花。清頭目以利脉。用殭蚕蝉退之輕浮清化者。其行经散結乎。加甘草和中。清茶調散服。良法也。

菊花茶調散

菊花二錢 川芎二錢 荆芥二錢 白芷二錢 羌活二錢 防風錢五

細辛五分 薄荷五分 殭蚕一錢 蝉退一錢 甘草二錢

右為末每服二錢清茶湯調下

蒼牛飲 治頭痛連睛并目昏澁

蒼耳子　牛旁子　甘菊花各三錢　水煎服

偏正頭痛連眉尖痛者即氣血

頭痛而左右亦偏痛者。此屬風入太陽。若痛連眉尖之魚尾者。則又屬肝虛之病矣。蓋眉者。脉之外候。眉尖後近髮際。曰魚尾。魚尾上攻頭痛。豈非肝風上逆由於血虛所致乎。丹溪治以加味四物湯。熟地甘溫滋水。以生肝木。當歸溫苦補血。以養肝虛。白芍酸寒。斂陰氣而和血脉。川芎辛散。利頭目而助清陽。加薄荷之辛凉者。以其性升浮。能搜風通竅。以治痛耳。是法也。其血和風滅之義歟。

加味四物湯

熟地二錢　川芎一錢　當歸三錢　白芍二錢　薄荷二錢

右㕮咀水煎服

偏正頭痛風熱鬱久不愈者

偏正頭痛。有風熱鬱結者。其症頭目昏眩。鼻塞身重。年久不愈。按風熱鬱於頭目。則氣血亦蘊滞矣。昏眩鼻塞身重者。不但经络不舒。即脉道亦鬱而不暢。遷延日久。豈湯藥所能愈乎。易老治以靈砂丹。参芪甘草補氣。芎歸白芍養血。連翹細辛通竅散結。山梔薄荷開鬱清熱。羌活獨活防風天麻。去風邪於上。黄芩大黄滑石。瀉熱結於下。加菊花荊芥以清頭目。石羔寒石以利三焦。砂仁行滞。丹砂鎮心。用桔梗者。載藥上浮於至高之分。以成功矣。

靈砂丹

人参　黄芪　白芍　當歸　川芎　甘草
連翹　細辛　山梔　薄荷　羌活　獨活
天麻　黄芩　大黄　滑石　菊花　荆芥
石羔　寒水石　砂仁　丹砂　桔梗　防風

右為末煉蜜和丸硃砂為衣每服二錢清茶調下

風溼痰頭痛久不愈者

有風湿痰頭痛者。其症年久不愈。每發時。兩頰青黃。眩運懶言。身重兀兀欲吐。按眩痛者風也。身重者湿也。欲吐者痰也。兩頰青黃者。此肝脾合病之象也。準繩治以玉壺丸。雄黃辛温。搜肝強脾。散百節之風。而治厥痰頭眩。南星辛温勝湿除痰。入肝脾二藏。而治頭痛風痰。加半夏之辛温体滑者。和胃而通陰陽。天麻之辛温体散者。益氣而通血脉。更用白朮甘苦。以健脾元。生姜辛散。以開諸鬱。令風湿去痰液消。痛即愈矣。凡偏正頭痛。年久不愈者。俱可酌用。

玉壺丸

雄黃一兩 南星煨二兩 半夏製二兩 天麻二兩 白朮二兩

右為末姜汁和丸每服一錢開水下

偏正頭風痛注左右者

頭有左痛注右。右痛注左。鼻流清涕。服藥罔效。年久不愈者。此頭風也。按注左注右者。氣虛而經脈不利也。鼻流清涕者。風滞而肺竅不舒。年久不愈者。鬱熱而沉邪內伏也。元素治以芎犀散。川芎引清陽上行。山梔清屈曲之火下降。細辛能通九竅。石羔能利三焦。犀角祛風逐痰。阿膠去風和血。人參補氣通經。麦冬清金潤燥。茯苓理衛調營。甘草和中瀉熱。加片腦透骨利竅。以開久鬱之沉邪。是方也。今真元足。則邪滞消。風熱除。則久痛愈矣。

芎犀散

川芎四錢 犀角錢 石羔錢 細辛錢 茯苓二錢 片腦錢
山梔錢 阿膠炒錢 人參錢 麦冬三錢 甘草炙錢

右末之蜜丸弾子大硃砂為衣每服一丸茶調下一方無片腦有雄黃一兩

頭風痛連眉骨眼眶者 附兩昏眩

頭為六陽之首。而眉骨屬肺。眼眶屬脾。肝脉起於足大指毛際。上循足跗。交出太陰脾脉之後。又連目系。上額交巔。若風邪客於太陽之經絡。牽引肝脾之脉

不舒。故頭痛而連眉骨眼眶亦痛矣。太無治以上清散。川芎入肝。助清陽而上行頭角。荆芥入脾。利頭目而上觧風邪。薄荷散熱消風。赤芍歛陰和血。芒硝鹹以降火。欝金辛以散欝。乳没通十二経之血凝氣滞。雄黄散百節内之風毒。頭疼為末吹入鼻中。令邪從嚏出。痛止為度。若頭風作痛。兩目昏眩者。東垣以川芎散主之。

上清散

川芎一錢 赤芍一錢 荆芥一錢 欝金一錢 雄黄五分

芒硝五分 薄荷一錢 乳香一錢 没藥一錢

右為末每用一點吹鼻内取嚏煎服亦可

川芎散

川芎五錢 羌活一兩 防風一兩 藁本一兩 生地一兩五錢 黄芩酒炒一両

黄連酒炒一両 柴胡五錢 升麻五錢 炙甘草五錢 生甘草五錢

右為末每服二錢茶湯調下

眉稜骨痛不可忍者

眉骨者。目系所過。上抵於腦。若諸陽客邪。風欝成熱。上攻腦絡。下注目睛。遂從目系過眉骨相并而痛矣。東垣治以選奇湯。羌活辛温。以理遊風。防風辛甘。以清頭目。黄芩苦以散上焦之風熱。甘草甘以和中焦之厚土。風散热消。其痛立止。又有肝経瘞熱攻目。其目系與眉骨牽痛者。祛風散主之。有湿痰滞脾。清陽不升。引眉骨抽痛者。加味二陳湯主之。有寒迫下焦。陰氣上浮。致眉骨作痛者。羌活湯主之。臨症其酌用乎。

選奇湯

羌活三錢 防風三錢 黄芩酒炒一錢 甘草三錢

右㕮咀分二劑水煎服

祛風散

黄芩酒炒一錢 甘草五分 白芷五分 防風一錢 柴胡一錢 荆芥一錢

右㕮咀水煎服一方加吴茱萸五分

加味二陳湯

橘紅 半夏 茯苓 甘草 黄芩酒炒 白芷

羌活散

羌活一錢 細辛五分 黄芩酒炒五分 炙甘草五分

水煎服一方加童便浸川烏五分

氣血兩虚頭痛

頭痛有氣血兩虚者。或寒或熱。身倦神衰時痛時止。按氣虚則惡寒。血虚則發熱。身倦神衰者。陽不舒而陰不斂也。時痛時止者。脉将通而邪復滞。揔由营衛不調。外風襲入所致也。東垣治以加味調中湯。参芪補氣。芎歸補血。苓术益土生金。升柴升清降濁。陳皮利滞。甘草和中。加蔓荆利竅祛風。細辛通脉止痛。此治氣血兩虚。頭痛之準繩也。臨症再行加減。庶幾近焉。如血虚頭痛。龜板一枚。當歸一錢。煎服神效。

加味調中湯

人参 黄芪 川芎 當歸 陳皮 甘草

茯苓 白术 柴胡 升麻 細辛 蔓荆子

水煎服

上半日頭痛 附肝虚

上半日頭痛。下半日即止者。此腎水不足。肝火上浮。陽旺陰虚之候也。午前属陽。午後属陰。陽遇陰則退。故痛發於寅卯而止於未申。學士治以上清愈。生地甘寒滋水。當歸辛温養肝。菊花甘苦制火平木。麦冬寒潤益精強陰。白芍酸寒緩中止痛。丹皮辛散。和血通經。地骨皮甘淡。而清虚熱。并治頭風。白蒺藜温苦而去虚風。兼能明目。加甘草調中和胃。妙方也。若肝虚。一見光明即痛者。生熟

地黄丸主之。

上清煎

生地　麦冬　白芍　當歸　菊花

甘草　丹皮　地骨皮　白蒺藜

右㕮咀水煎服

生熟地黄丸 并治頭目昏眩

生地一斤　熟地一斤　菊花去蒂分　石斛六两　橘紅三两

牛膝六两　防風六两　羌活四两　杏仁四两

右為末蜜丸每服三錢以黑豆三升炒令烟盡淬好酒六升每日用半鍾食前送下

下半日頭痛

下半日頭痛。至半夜即止者。此清氣不升。濁氣不降。陽虛陰旺之候也。下午屬陰。清晨屬陽。陽遇陰則伏。故痛發於未申而止於子丑。東垣治以加味補中益氣湯。黄芪白朮甘温補陽。人參甘草益氣。當歸辛温和血養陰。升柴辛苦升清降濁。陳皮辛温行氣利滞。姜棗辛甘和衛調營。加蔓荊子川芎者。助清陽以開鬱通竅也。火重者。加山梔。屈曲下行。黄芩養陰退火。見症加減活法行之。庶不失手。

加味補中益氣湯

人參　黄芪　白朮　甘草　當歸

陳皮　柴胡　升麻　蔓荊子　川芎

右㕮咀姜三片棗二枚水煎服

勞役頭痛 附中氣虛寒

勞役頭痛者。似傷寒發熱汗出。兩太陽痛甚。此腎肝虛。相火自下冲上也。按陽浮者熱自發。陰弱者汗自出。相火者。少陽之火也。自下冲上者。肺金不足以制

肝木。木能生火。火上炎也。東垣治以加味補中益氣湯。肺者氣之本。人參補肺。脾者肺之本。芪术補脾。當歸養肝血。甘草緩肝火。升麻柴胡升少陽之清氣。陽升則萬物生。清升則濁陰降。陳皮調滯。姜棗行津。加黃柏滋在泉之火。蔓荆辛通經絡之竅。川芎養血海之陰。活法也。若中氣虛寒。嘔吐清水頭痛者。六君子湯。加當歸黃芪木香乾薑主之。

加味補中益氣湯

人參　黃芪　白术　當歸　陳皮　甘草

柴胡　升麻　黃柏　川芎　細辛　蔓荆子

右㕮咀薑一片棗二枚水煎服

肝風虛動頭痛

肝風虛動頭痛者。其症目眩耳聾。經脉抽掣。按肝脉連目系。上出額。與督脉會於巔。肝開竅於目。而又與腎開竅於耳。肝爲風木。木能生火。頭痛抽掣者。風火動搖之象也。總屬肝虛之故。中梓治以鈎藤散。鈎藤菊花甘苦微寒。平肝風以治頭旋目眩。陳皮半夏辛溫微苦。通肝氣以治頭痛耳聾。麦冬甘苦。清心潤肺以制肝木。茯苓甘淡。調營理衛。以伐肝邪。石羔甘以降三焦之火。防風辛以祛上焦之風。加人參甘草之甘溫者。補氣生血以養肝虛也。

鈎藤散

鈎藤　菊花　陳皮　半夏　麦冬

茯苓　石羔　防風　人參　甘草

右㕮咀水煎服一方有當歸白芍生地無陳皮半夏

痰火耳鳴頭痛

有痰火頭痛耳如雷鳴者何也。頭爲六陽之首。而肝木之火最易上浮。脾土之痰最能滯氣。耳如雷鳴者。以肝腎開竅於耳。痰火雜夾上行。故有此頭痛等症也。士材治以半夏大黃丸。半夏辛溫逐痰去濕。黃芩寒苦瀉火養陰。薄荷涼以

[illegible]從絡以竅。三焦[illegible]以[illegible]治法也。若中氣虛寒。嘔吐清水頭痛者。六君子

鉤藤散

鉤藤　菊花　陳皮　半夏　麥冬

清熱。香以開竅。天麻温以通脉。辛以疎風。甘草平以和土。甘以緩中。加大黃之大苦大寒者。而直瀉之。令痰火平則耳鳴止矣。又何頭痛之有哉。此升降浮沉之法也。

半夏大黃丸

半夏製一兩 大黃煨一兩 天麻六錢 甘草三錢 黄芩六錢 薄荷三錢

右為末水疊為丸每服二錢茶湯下

雷頭風痛

雷頭風者。頭面疙瘩腫痛。耳如雷鳴。憎寒壯熱。狀似傷寒。按三陽之氣。皆會於頭額。從額至巔絡腦後者。屬太陽。從額至鼻下面者。屬陽明。從頭角下耳中耳之前後者。屬少陽。風從上受之。則頭痛腫起疙瘩者。風毒鼓氣而血不和也。耳如雷鳴者。風動作聲也。憎寒壯熱者。營衛不通也。東垣云。病在三陽。誅伐無過治以清震湯。升麻性陽解毒。蒼朮性燥辟邪。荷葉色清氣香。形仰象震。震為雷述形類以治之。且助胃中清氣上行。使邪從上越而不傳裡也。涼藥豈可妄用哉。

清震湯

升麻四錢 蒼朮泔水浸四錢 荷葉一个全用

右㕮咀水煎服

大頭痛

大頭痛者。初覺憎寒体重。次傳頭面腫甚。目不能開。上喘。咽喉不利。口渴舌燥。此天行癘氣也。憎寒体重。邪在經也。頭面腫痛。邪上攻也。目開上喘。邪氣逆也。咽喉不利。邪熱結也。口渴舌燥。邪火甚也。東垣曰。身半以上。天之陽也。此邪熱客於心肺所致也。治以普濟消毒飲。黄芩黄連元參。瀉心肺之熱。連翹薄荷牛子藍根馬勃殭蚕。散腫消毒以定喘。升麻柴胡升少陽陽明之鬱氣。橘紅甘草利滯和中。桔梗為藥中之舟楫。不令下行為載也。此方全活甚衆。故名普濟。

普濟消毒飲

黃芩酒炒五錢　黃連酒炒五錢　甘草二錢　元參二錢　連翹一錢

板藍根一錢　馬勃一錢　牛子一錢　薄荷一錢　升麻七分

柴胡二錢　桔梗二錢　陳皮去白二錢　殭蚕七分

右為末湯調時時服之或蜜丸噙化一方無薄荷有人參三錢亦有便秘加酒浸大黃者

頭目赤腫熱痛

頭目赤腫作痛者。煩悶不安。下体寒。足胻尤甚。大便微秘。按目赤腫痛者。熱浮於上也。煩悶不安者。熱鬱於中也。大便微秘者。熱伏於內也。東垣云。身半以上天之陽也。身半以下地之陰也。下体寒。足胻尤甚者。此陰不升。陽不降。上氣不能下達也。治以既濟解毒湯。柴胡升麻連翹升散於上。大黃黃連黃芩。降熱於下。加當歸養血。甘草和中。桔梗開提氣血。利膈寬胸。交通上下。共成既濟之功

既濟解毒湯

右吹咀水煎服大便利者去大黃

柴胡一錢　升麻一錢　連翹一錢　大黃二錢　黃連酒炒二錢

黃芩酒炒二錢　甘草炙二錢　當歸一錢　桔梗二錢

太陽頭痛

太陽頭痛。惡風惡寒。脉浮緊。痛在巔頂。按傷風則惡風。傷寒則惡寒。脉浮為風。脉緊為寒。太陽之脉。上額交巔。故痛在巔頂。河間治以藁本湯。藁本辛溫上行。以散太陽之風。麻黃辛苦通竅。以去太陽之寒。獨活辛苦微溫。搜風而清頭目。川芎辛溫升散開鬱。而助清陽。杏仁辛苦甘溫除風寒以降氣。甘草甘平。性緩益脾胃以調中。此治太陽頭痛之要方也。見症者。其再行加減乎。

藁本湯

藁本　麻黃　獨活　川芎　杏仁　甘草

右吹咀水煎服

陽明頭痛

陽明頭痛。自汗發熱。不惡寒。脉浮緩。痛在頭額。按陽強者。汗自出。陽浮者。熱自發。不惡寒。而脉浮緩者。傷風而未傷寒也。陽明之脉。上行於額。故額痛。花溪老人治以升麻石羔湯。升麻甘辛微苦。入陽明以去風邪。白芷芳香温散。入陽明以通絡竅。葛根辛甘。鮮肌退熱。石羔甘淡。降大生津。加甘草調中緩痛。令風熱散。則頭額清而痛止矣。若有汗發熱惡熱。口渴頭痛者。白虎湯加白芷主之。或用芎芷湯亦可。

升麻石羔湯

升麻　石羔　白芷　葛根　甘草

右㕮咀水煎服

白虎湯

石羔　知母　甘草　粳米　白芷

右㕮咀水煎服

芎芷湯 即石羔散

川芎　白芷　石羔 各等分

右㕮咀水煎服研末每服三錢茶調下更妙

少陽頭痛

少陽頭痛。寒熱往來。脉弦。痛在頭角。按寒為陰。熱為陽。裡為陰。表為陽。陰出與陽爭。陰勝則寒。陽入與陰爭。陽勝則熱。寒熱往来者。邪在半表半裡也。脉弦屬肝胆。少陽之脉上行角。故頭角痛。仁齋治以加味小柴胡湯。柴胡苦寒。以升陽達表為君。黄芩苦寒。以養陰退熱為臣。半夏辛温。以通陰陽為助。甘草甘平。以調中氣為使。合姜枣辛甘以和營衛。加荆芥辛苦。以清頭痛。細辛散以去風寒。活法也。

小柴胡湯

柴胡　黄芩　製半夏　甘草
細辛　荆芥　生姜　大枣

右㕮咀水煎服

太陰頭痛

太陰頭痛。体重肢冷。惡心煩悶。脉沉緩。東垣曰。太陰頭痛必有痰。体重者。痰湿在経也。肢冷者。脾氣不行也。惡心煩悶者。痰滞上逆也。考太陰之脉不上頭。頭痛者。因痰滞中焦。而清陽之氣不升也。東垣治以半夏湯。蒼朮辛温燥湿。半夏辛滑逐痰。南星辛苦破结。陳皮辛温利氣。甘草甘平益胃。茯苓甘淡瀉濕。痰去氣升。頭痛自愈矣。

半夏湯

蒼朮　半夏製　南星製　陳皮　茯苓　甘草

右㕮咀水煎服一方加荆芥防風

少陰頭痛

少陰頭痛。足冷脉沉。氣逆為厥。或發熱。按少陰有發熱。而無頭痛。然太陽膀胱與少陰腎。相為表裡。腎虛則太陽之邪。直入而脉沉。餘邪未盡入裡而發熱。少陰頭痛者。仍係太陽之邪也。醫貫云。少陰有頭痛連腦者。此寒傷腎也。腎寒故足冷。東垣云。少陰頭痛。因氣逆也。仲景治以麻黄附子細辛湯。脉沉足冷。法當辛熱。遂以附子温少陰之経。頭痛發熱。法當辛散。遂以麻黄散太陽之寒。細辛辛温腎経表藥。不但入腎去邪。亦且通氣上行。而達頭痛也。

麻黄附子細辛湯

麻黄　附子　細辛

右㕮咀水煎服

厥陰頭痛

厥陰頭痛。吐涎沫。厥冷。脉浮緩。按厥陰之脉。挾胃。吐沫者。裡寒内格也。厥陰之

脉上巔頭痛者。寒邪上逆也。陰寒甚則厥冷。陽氣爭則脉浮。仲景治以人參吴茱萸湯。吴萸生姜。其性辛熱。用以温胃散寒下氣。人參大棗。其性甘温。用以助陽補土和中。令陰寒不得上干頭目。肝氣不得上犯清陽。則吐止体和。頭痛自愈矣。

人參吴茱萸湯

人參　吴茱萸　生姜　大棗

右㕮咀水煎服

三陽頭痛 氣分

三陽頭風病。因過緩受寒邪入脉絡。鬱久不散所致也。太陽經由眉骨至巔頂腦後痛者。其脉浮緊弦數。少陽経在耳前後左右痛者。俗名偏頭痛。其脉浮弦而數。陽明経連頭額齒頰痛者。其脉多洪大弦滑。介賓治以春和飲。蔓荊入太陽陽明。搜風通竅。防風入太陽陽明。利目清頭。川芎入少陽以祛血分之風。黄芩入少陽以祛氣分之邪。羌芥上升透表。甘草守中和裡。此治三陽頭風之主方也。加減法立於後。

春和飲

蔓荊子二錢　防風七分　羌活七分　荊芥一錢

黄芩酒炒一錢　川芎一錢　甘草五分

右㕮咀水煎服　内熱加菊花一錢荊芥五分去羌活　有痰加半夏天麻各一錢去川芎羌活　血虛内熱加丹皮五分生地二錢菊花一錢去防風羌活　胃火旺右偏頭痛加石羔五錢菊花一錢天麻一錢減羌活川芎　滿頭痛本方去黄芩　左半偏頭痛加柴胡連翹各一錢五分菊花一錢

元戎湯 治三陽頭痛

羌活　防風　升麻　柴胡　葛根　荊芥

白芷　石羔　川芎　白芍　細辛　葱須

右㕮咀水煎服

三陰頭風血分

三陰頭風病。因風入血分。鬱久不散所致也。按太陰頭痛。非本經自病。由中焦痰滯氣逆不升。其脉沉滑。少陰頭痛。由血虛而氣不暢。其脉虛弱。厥陰頭痛畏寒肢逆目弦。其脉沉弦。介賓治以回春飲。蔓荆子入厥陰。搜風通竅。川芎入厥陰和血開鬱。荆芥入太陰以利脉。亦且祛風。菊花入少陰以去邪。兼能益水。丹皮順氣逐風。生地養陰滋腎。黄芩降火清熱。此治三陰頭風痛之主方也。加減法立於後。

回春飲

蔓荆子二錢　荆芥錢二　生地二錢　菊花一錢
黄芩酒炒一錢　丹皮五分　川芎五分

右㕮咀水煎服　内熱加犀角一錢　火甚加牛膝一錢五分　氣血兩虛加人參當歸各一錢　頭痛連腦後巔頂者加川芎五分藁本一錢　真寒頭痛肢厥目眩神昏者加人參一錢五分附子三錢川芎五分去菊花黄芩　畏寒肢冷者去生地黄芩加桂枝一錢附子一錢

清上蠲痛湯治一切頭痛不問左右偏正新久主方

當歸酒洗一錢　川芎一錢　白芷一錢　細辛三分　羌活一錢
獨活一錢　防風一錢　菊花五分　蒼朮炒一錢　甘草五分
蔓荆子五分　麦冬一錢　黄芩酒炒錢五

右㕮咀水煎服　左邊痛加紅花柴胡胆草生地　右邊痛加黄芪葛根　額上眉骨痛及食積痰滯加山查半夏天麻頭頂痛加藁本大黄　腦髓痛加麦冬蒼耳子木瓜荆芥氣血兩虛自汗者加黄芪人參白芍生地此加減大畧也臨症尤宜審辨再行活法不可拘執

香附散 治臭嗅毒頭痛

右研末每用少許吹鼻内或服香附末一錢亦可

陰虚頭痛用龟板一個當歸一錢水煎服神效

産後血虚陰火上浮頭痛山梔錢五元參二錢生地三錢甘草一錢敗

龟板五錢地骨皮二錢川芎一錢神效

脉候

寸口緊急或短或弦或浮皆主頭痛　浮滑為風痰易治　短濇為虚难治

浮弦為風　浮洪為火　細緩為湿　左脉不足為血虚　右脉不足為氣虚

左右俱不足為氣血两虚　右寸緊盛為食積　右関洪大為胃热

寸口弦細為髙上有風涎冷痰或嘔吐　沉細為陰毒傷寒但頭痛身不熱

病苦頭痛目痛脉急短濇者死　頭痛目痛久視无所見者死

腹痛論

考行六氣。運五行。調和五藏。洒陳六府。法四時升降浮沉之氣。以長化收藏分守藏府。司榮衛之妙用者。皆天真也。經云。氣血者。生人之本。養之則邪弗能害。失之則榮氣散解。諸邪乘虛客入。邪正相搏。真氣迫促。故腹痛也。素問擧痛篇叙腹痛十四條。僅二條属熱。餘皆属寒。且云寒氣入經。稽留不行。客於脉外則血滞。客於脉中則氣逆。又云歲土太過。有濕淫所勝而痛者。有衝脉氣溢太腸繞臍而痛者。有脾傷傳腎。少腹冤然而痛者。有肝熱腹痛者。有腎虚腹痛者。有心痛引背。諸邪客入腹痛者。又不僅寒痛而已也。難經云。臍上牢若痛。心内症也。臍下牢若痛。腎内症也。臍右牢若痛。肺内症也。臍左牢若痛。肝内症也。靈樞經云。風雨傷於上。清湿傷於下。傷於上者。病從外入内。從上而下。傷於下者。病起於足。傷於藏者。病起於陰。可見痛有部位。藏有高下。治有分辨。更有虚實寒熱。氣血痰湿食積之不同。必先審經脉氣血之虚實。辨六淫五邪之有無。而後補正祛邪。温中開鬱。論病立方。庶不失手。豈可妄行破氣哉。畧列症方於左。學者正其引伸乎。

腹中寒痛 脾胃

腹痛厥冷拘急。脉沉細者何也。按腹痛由於氣逆。而氣之所以逆者。因寒滞於内也。脉沉細而手足厥冷拘急者。因寒徹於外也。此中焦不運。水来侮土。痛在脾腎兩經。法宜土中瀉水為主。準繩治以加味理中湯。人參甘温。補氣益脾。白术苦温。强脾燥胃。甘草甘平。和中培土。乾薑辛熱。温胃散寒。少加附子之大熱者。以祛少陰之邪。木香之苦辛者。以行太陰之滞。此治脾腎腹痛之要法。

加味理中湯

人參　白术　乾薑　甘草　製附子　木香

右㕮咀水煎服

腹中寒痛 肝脾

腹痛惡寒。腸鳴泄瀉。脉弦者何也。按寒邪入裡。與正氣相搏。則腹痛腸鳴泄瀉而脉弦者。裡虛寒滯也。此中州不建。木來侮土。痛在肝脾兩經。法宜土中瀉木為主。仲景治以小建中湯。飴糖甘草。甘以潤土。土潤則萬物生矣。桂枝甘辛。辛以散邪。邪散則肝氣平矣。白芍酸寒。酸以斂陰。陰斂則陽氣附矣。姜棗甘辛。辛以和衛。衛和則營血調矣。辛甘化陽。酸甘化陰。陰陽和。而腹痛止矣。此治肝脾腹痛之大法。

小建中湯

桂枝三錢 白芍六錢 甘草一錢 大棗二枚 生姜三錢 飴糖五錢

右㕮咀水煎服一方用肉桂

中寒腹痛

腹中痛有嘔吐。不能飲食。寒氣直衝胸口。上下疼痛不可觸近者。此寒乘脾而又乘心也。諸陽受氣於胸中。陽虛則陰邪客入。乘於心則痛。乘於脾則嘔。心脾為子母之臟。今為陰寒上逆。橫格中焦。故大痛不可觸近矣。金匱治以大建中湯。蜀椒辛熱。入肺散寒。入脾煖胃。入腎補火。乾薑辛熱。逐冷散逆。人參甘溫大補真元。飴糖甘平。和中益土。人身以益氣為主。用辛辣甘溫之藥者。建中藏以祛下焦之陰。正以復上焦之陽也。孰謂痛無補法哉。

大建中湯

蜀椒去白炒二錢 乾薑三錢 人參二錢 飴糖五錢

右㕮咀水煎去渣納飴糖微煎服

脹利腹痛

腹痛有脹滿自利。体重節痛。脉緩者。此濕勝也。濕傷脾胃。則腹脹自利。濕留經絡。則体重節痛。濕滯血脉。故脉緩也。皆由濕土太過。木邪乘所不勝而侮之局方治以平胃散。蒼朮辛烈。燥濕強脾。厚朴苦溫。除濕散滿。陳皮辛溫利氣。甘草甘平益胃。令濕土抵於和平。則濁陰降。清陽升。氣血和。腹痛諸症悉除矣。如嘔腹痛陰寒，脈沉遲，脈弦者何也？按寒邪入裡，與正氣相搏，則腹痛脈沉遲。而脈弦者，肝裡虛寒也。此中州不運，木來侮土也。土痛在肝脾兩經，法宜土中瀉木為主。仲景治以小建中湯，飴糖甘草，甘以潤土，土潤則萬物生矣。桂枝甘辛，以散寒邪，邪散則肝氣平矣。白芍酸寒，酸以斂陰，陰斂則陽氣附矣。生姜甘辛，以和衛，衛和則營血調矣。辛甘化陽，酸甘化陰，陰陽和而腹痛止矣。此治肝脾腹痛之大法。

小建中湯

桂枝三錢　白芍六錢　甘草一錢　大棗三枚　生姜三錢　飴糖五錢

右㕮咀，水煎服。一方用肉桂。

中寒腹痛

腹中痛，有嘔吐不能飲食，寒氣直衝胸口，上下攻痛不可觸近者，此寒乘脾而又寒心也。諸陽受氣於胸中，陽虛則陰邪客入，寒於心則痛，寒於脾則嘔。心脾為子母之臟，今為陰寒上逆，攔格中焦，故大痛不可觸近矣。金匱治以大建中湯。蜀椒辛熱，入肺散寒，入脾暖胃，入腎補火；乾薑辛熱，逐冷散逆；人參甘溫，大補真元；飴糖甘平，和中益土。人身以益氣為主，用辛辣甘溫之藥者，建中臟以祛下焦之陰，正以復上焦之陽也。所謂痛無補法者。

大建中湯

蜀椒去目炒二錢　乾薑三錢　人參二錢　飴糖五錢

右㕮咀，水煎去渣，納飴糖，微煎服。

脹利腹痛

腹痛有脹滿自利，体重節痛，脈緩者，此濕勝也。濕傷脾胃，則腹脹自利；濕留經絡，則体重節痛；濕滯血脈，故脈緩。此由濕土太過，木乘所不勝而侮之。故方治以平胃散。蒼朮辛烈，燥濕健脾；厚朴苦溫，除濕散滿；陳皮辛溫，利氣；甘草甘平益胃，令溫土於和平，則濕除，清陽升，氣血和，腹痛諸症悉除矣。如嘔吐。加藿香半夏。用除湿湯亦可。厚朴温中湯亦可。臨症審治為要。

平胃散

蒼朮炒二錢 厚朴姜炒二錢 陳皮一錢 甘草炙一錢

右㕮咀水煎服

除湿湯

蒼朮炒二錢 厚朴姜炒一錢 陳皮炒一錢 甘草炙五分

半夏製錢五 茯苓一錢 藿香一錢

右㕮咀水煎服

厚朴温中湯

厚朴 陳皮 甘草 木香

茯苓 草蔻 乾薑

右㕮咀水煎服

寒氣雷鳴腹痛

腹中雷鳴。胸脇逆滿。嘔吐作痛者何也。按雷鳴者。水氣也。嘔逆者。寒氣也。水寒相擊。故腹痛也。金匱治以附子粳米湯。附子辛熱。補命門之火以逐寒。半夏辛温。下胸脇之氣以利水。加甘草之甘温者。益三焦而緩痛。大棗之甘甜者。和九竅以榮經。粳米甘平。稟天地中和之正氣。用以厚腸胃而補真元。是方也。不但培土制水。益火祛寒。且以通上下營衛之脉絡也。凡虚寒腹痛者。不皆可服乎。妙法也。

附子粳米湯

附子炮一枚 半夏製一兩 甘草炙一兩 大棗十枚 粳米半升

右㕮咀分十劑水煎服

少腹虚冷作痛

少腹者。臍下也。冷痛者。寒氣也。按肝經之脉起於足。上環陰器而歸於腹。寒入

肝經。乘虛橫逆於脉絡。故少腹作痛也。保命集治以酒煮當歸丸。當歸茱萸。其性辛温。入肝而除虛冷。茴香附子。其性辛熱。入腎而煖丹田。丁香煖陰壯陽。練肉舒筋導脉。延胡辛苦以調氣血之滯。柴胡辛苦以散逆結之邪。升麻辛以昇陽。甘草甘以緩痛。此治厥陰虛冷腹痛之法也。四物苦練湯亦主之。

酒煮當歸丸

當歸兩　茴香五錢　附子製七錢　吴茱萸五錢

右四味切片用酒煮乾加炙草川練肉丁香各五錢升麻柴胡各二錢炒延胡索四錢青盐一撮同研末酒煮麵糊為丸每服三錢空心開水下或用淡醋湯下

四物苦練湯

當歸一錢川芎八分白芍酒炒錢五熟地二錢川練肉一錢
吴茱萸五分延胡索炒五分肉桂五分青皮八分高良薑五分

右㕮咀水煎服

臍腹脹痛

臍腹脹痛者。此脾腎兩経之寒氣為患也。外邪客入。則脾土不運。故發脹。內寒隱伏則腎水不安。故作痛。臍腹乃脾腎交會之部。虛寒氣逆。遂脹且痛矣。東垣治以草豆蔻湯。草蔻温脾胃以去寒。益智入心腎以補火。當歸和血止痛。木香調氣消脹。半夏開鬱潤腎強脾。茯苓淡滲助陽利竅。加澤瀉以去腎邪。甘草以培中土。神曲行滯。陳皮利膈。青皮降逆。寒去氣和。脹痛止矣。如胃口脹痛者宜厚朴温中湯主之。

草豆蔻湯

草豆蔻　益智仁　半夏　木香　澤瀉　神曲
甘草　青皮　陳皮　當歸　茯苓

右㕮咀姜三片水煎服秋冬加黄芪痛甚加茱萸乾姜去澤瀉

當歸 [illegible] 茴香 五錢 附子 熟 八錢 吳茱萸 五錢

四治苦練湯

厚朴温中湯

厚朴姜汁炒一錢 陳皮一錢 茯苓一錢 木香五分

草豆蔻煨一錢 乾薑五分 炙甘草八分

右㕮咀水煎服

虛寒腹痛

虛寒腹痛者何也。此脾虛也。脾屬太陰。有乾建之德。寒為陰氣。乃肅殺之邪。脾虛而寒客之。故腹痛也。宻齋治以加味小建中湯。桂枝甘辛。通脉行陽。姜棗辛甘和营益衛。甘草甘平。調中培土。飴糖稼穡作甘。甘者已也。白芍曲直作酸。酸者甲也。甲已化土。所以補脾。此仲景之法也。加乾姜之辛熱者逐寒。蒼术之辛烈者開鬱。川芎之辛温者活血。白芷之芳香者利竅。香附性平氣香味辛。行三焦觧六鬱。通十二經八脉以止諸痛。妙方也。

加味小建中湯

桂枝 生薑 甘草 大枣 白芍 飴糖

白芷 乾薑 川芎 蒼术 香附

右將川芎蒼术香附白芷等分為末每服二錢煎小建中湯加乾姜去渣調服

大寒腹痛

大寒腹痛者。脉沉遲。手足冷。按脉遲屬寒。沉為在裡。手足冷者。陰邪勝。而陽氣不行於四末也。甚則痛死不知人矣。法宜温中為主。壽世治以薑桂湯。乾姜肉桂逐寒。良姜茱萸散逆。木香砂仁導滯利膈。陳皮厚朴快氣調中。附子驅在裡之沉寒。延胡行氣血之凝滯。茴香温胃以煖丹田。乳沒通脉以療腹痛。加甘草協和諸藥。行十二經以補三焦之元氣。此治寒痛之総方也。臨症再為加減乎。

薑桂湯

乾薑五錢 肉桂四錢 良姜五錢 吴茱萸五錢 砂仁八錢

香附一兩木香五錢厚朴姜炒五錢陳皮三錢甘草炙五錢
延胡索炒八錢茴香五錢乳香去油五錢沒藥去油五錢附子製三錢

右為末每服三錢水煎服并治少腹作痛

食積腹痛

腹痛有舌胎色白。胸悶惡食。按之痛甚。或痛隨利減者。此食積也。脾為轉輸之藏。胃為倉廩之官。若脾元不運。胃氣不行。食滯中焦。令肝木不能疎達。遂氣逆而作痛矣。東垣治以豆蔻橘紅湯。豆蔻旋轉三焦。乾薑通利脉絡。半夏和胃而通陰陽。白朮建脾而生津液。木香升降以治痛。藿香宣暢以和中。厚朴散滿。丁香煖胃。陳皮利氣。神曲化滯。參草調元。令陰陽升降。食去積消。痛即止矣。如氣虛者。加味六君子調之。

豆蔻橘紅湯

白豆蔻五錢丁香二錢木香二錢神曲炒五錢陳皮三錢白朮炒五錢
厚朴姜炒三錢乾薑五錢製半夏五錢藿香一錢炙甘草五錢人參五錢

右為末每服三錢姜一片水煎服

加味六君子湯

人參 白朮炒 茯苓 陳皮 香附 甘草
蒼朮炒 白芷 川芎 乾姜 製半夏

右㕮咀水煎服一方無白芷川芎有麦芽神曲

痰積腹痛

腹痛有胸膈不舒。時或嗽痰頭眩者。此痰積也。痰因湿動。湿本寒生。痰寒湿相聚於中焦。令清陽之氣不能上行。則頭眩。濁陰之氣不能下降。則腹痛矣。丹溪治以消痰飲。半夏辛溫和胃燥湿。南星辛苦攻積除痰。良姜辛熱以驅寒。乾姜辛溫以逐冷。青皮破滯。陳皮宣氣。此治寒痰腹痛之要方也。如氣虛者。加人參白朮茯苓以固之。亦扶正祛邪之一法。二香丸亦主之。

香附一两　木香五钱　厚朴姜汁炒五钱　陈皮三钱　甘草炙五钱

延胡索酒炒五钱　茴香五钱　乳香去油五钱　没药去油五钱　附子制三钱

右为末。每服三钱。水煎服。并治小腹作痛

食积腹痛

腹痛有告胎也。胸闷恶食。或欲食之痛甚。或痛随利减。此食积也。脾为转输之脏。胃为仓廪之官。若脾元不运。胃气不行。食滞中焦。今肝木不能疏达。逆气逆而作痛矣。东垣治以豆蔻橘红汤。以豆蔻旋转三焦。乾姜通利脉络。半夏和胃而通阴阳。白术健脾而生津液。木香升降以治痛。藿香宣畅以和中。厚朴散满。丁香暖胃。陈皮利气。神曲化滞。参草调元。合阴阳升降。食去积消。痛即止矣。如气虚者。加味六君子调之。

豆蔻橘红汤

白豆蔻五钱　丁香二钱　木香二钱　神曲炒五钱　陈皮三钱　白术炒五钱

厚朴姜汁炒三钱　乾姜五钱　制半夏五钱　藿香一钱　炙甘草五钱　人参五钱

右为末。每服三钱。姜一片。水煎服

加味六君子汤

人参　白术炒　茯苓　陈皮　香附　甘草

苍术炒　白芷　川芎　乾姜　制半夏

右㕮咀。水煎服。一方无白芷川芎。有姜芽神曲

痰积腹痛

腹痛有胸膈不舒。时或欬痰头眩者。此痰积也。痰因湿动。湿本寒生。痰寒湿相聚于中焦。今清阳之气不能上行则头眩。浊阴之气不能下降则腹痛矣。丹溪治以消痰饮。半夏辛温和胃燥湿。南星辛苦攻积除痰。良姜辛热以温寒。乾姜辛温以逐之。青皮破滞。陈皮宣气。此治寒痰腹痛之要方也。如气虚者。加人参白术茯苓以固之。亦东垣补脾之一法。二香丸亦主之。

熱去濕。加木香利氣。厚朴散滿。甘草和中。虫去而痛止矣。

椒梅飲

花椒　烏梅　香附　乾薑　砂仁

使君子　木香　厚朴　甘草

右㕮咀水煎服

氣滯腹痛

氣滯腹痛者。其症痛則腹脹。其脉必沉。考脉經云。下手脉沉。便知是氣。又云沉主中焦痛不通。腹痛而脹者。此陰陽壅滯。氣不宣通也。東垣治以木香順氣湯。香朴青陳辛能行氣。草蔻益智香能舒脾。蒼朮半夏溫能和胃。乾薑吳茱萸辛以散寒。柴胡升麻。辛以昇陽。茯苓澤瀉。淡以泄陰。蓋脾為中土。中樞運轉。則清升濁降。上下流通。陰陽得位矣。然氣藥皆燥。故重用當歸濡血。共成消脹止痛之功。

木香順氣湯

木香三分　厚朴四分　青皮三分　陳皮三分　草豆蔻三分

蒼朮三分　半夏三分　茯苓三分　澤瀉三分　益智仁三分

升麻三分　柴胡三分　當歸一錢　乾姜三分　吳茱萸三分

右㕮咀水煎服

積熱腹痛

腹中常覺有熱。暴痛暴止者。此積熱也。按積熱由於積食。食滯不消。熱結不散。則氣道不通。而腹痛矣。暴痛暴止者。氣欲行而熱不解也。仲景治以調胃承氣湯。大黃苦寒。除熱蕩積。芒硝鹹寒。潤燥軟堅。二物下行甚速。故加甘草之甘平者以緩之。亦且不傷胃也。然非積熱腹痛。不可妄投。如因熱腹痛而無積者。加味二陳湯主之。臨症審辨為要。

調胃承氣湯

大黃酒浸一錢 芒硝一錢 甘草炙五分

右㕮咀水煎服

加味二陳湯

橘紅 半夏 茯苓 甘草 黃芩

山梔 乾姜 黃連 水煎服

邪熱腹痛

邪熱腹痛者。時欲嘔吐。此胸中有熱。胃中有寒。上熱下寒之候也。夫胸有熱則欲嘔。陽不降也。胃有寒。則腹痛。陰不升也。仲景治以黃連湯。黃連苦寒。泄熱以降陽。姜桂辛溫。除寒以升陰。人參甘溫。補正祛邪。半夏辛溫。止嘔和胃。加甘草大棗之甘平者。調中緩痛。令上下流通。陰陽相濟。不治痛而痛自愈矣。此大法也。若上中二焦。寒熱交戰者。亦當以此湯和之。

黃連湯

黃連一錢 乾薑一錢 桂枝一錢 甘草炙一錢 半夏錢五 人參二錢

大棗二枚 水煎服

勞役腹痛

東垣云。腹中諸痛。皆因勞役過甚。飲食失節。中氣不足。寒邪乘虛客人所致也。經云。得炅則止。炅者熱也。以熱治寒。治之正也。用補中益氣湯為主。黃芪補肺參术補脾。當歸養血。甘草和中。陳皮利氣。姜棗行津。柴胡升麻。升清降濁。加白芍斂陰。乾姜助陽。桂枝通脉。此東垣治腹痛之準繩也。若非勞役致痛者。又宜見症立法。豈可執方施治哉。

加味補中益氣湯

人參 黃芪 白术 當歸 陳皮 桂枝

甘草 柴胡 升麻 乾姜 白芍

右㕮咀姜棗煎服

霍亂腹痛

霍亂者。揮霍變亂也。其症心腹卒痛。嘔吐不利。增寒壯熱。或吐不瀉。或泄不吐。蓋先心痛則先吐。先腹痛則先瀉。心腹俱痛。則吐瀉交作。甚則轉筋厥冷。有痛死復生者。壽世治以藿香散。藿香止嘔辟惡。乾薑煖胃助陽。橘紅半夏。散逆除痰。白术蒼术。益脾去濕。朴草溫中下氣。苓瀉利水固腸。白芍和陰。砂仁快膈。正氣暢則邪氣自消。此治寒結中焦。霍亂腹痛之總方也。他如理中湯。百沸湯。順逆丹。皆良法也。

藿香散

藿香　乾姜　橘紅　半夏　白术　甘草

蒼术　厚朴　茯苓　澤瀉　白芍　砂仁

右為末每服三錢水煎服

理中湯

人參　白术　乾姜　甘草

右㕮咀水煎服寒甚加附子少腹痛甚加肉桂

順逆丹

白术　茯苓　陳皮　厚朴　澤瀉　木香

蒼术　猪苓　砂仁　麦芽　神曲　甘草

右為末蜜丸每服二錢米湯調下

百沸湯

吴茱萸二錢　木瓜二錢　食塩五錢

右三味同炒焦用百沸湯煎湯服

股痛

股居身下。衆陰所歸。其所以作痛者。三陰受病也。脾主肉。肝主筋。腎主骨。脾經受濕。下流於股。則肉酸痛。肝經受寒。下及於股。則筋攣急痛。腎經受寒。下注於

股。則骨髓冷痛。宜用熱藥為向導。而以血藥為君。燥藥助之。丹臺治以舒筋調榮湯。川芎當歸養肝。生地蓯蓉補腎。人參益脾。紅花活血。牛膝通脉。丹皮和陰加威靈仙沉香者。通宣五藏六府十二經。理諸氣以止痛也。若兩股上連腰胯痛者。和榮湯主之。

舒筋調榮湯 治一切股痛神効

當歸三錢 生地二錢 川芎二錢 丹皮八分 紅花一錢

人參一錢 牛膝一錢 乾蓯蓉二錢 沉香八分 威靈仙一錢

右㕮咀黑棗二枚水煎服

和榮湯 股痛并連腰胯

牛膝 杜仲 天冬 麦冬 黃柏

人參 烏藥 當歸 白芍 沉香

右㕮咀青鹽六分水煎服

洗法 股痛因風濕者

鳳仙草一大束 蒼术 防風 荊芥 葱

水煎布淋痛處勿見風

蠲痛膏 治一切股痛

松脂三斤

將松脂入鍋熬化濾入水中取起再入鍋內慢火煉至紫黑色然後入葱姜汁各二碗再煉不住手攪待乾為度入猪油半觔再煉一刻入乳香沒藥各二兩射香一兩和匀攤貼痛處神効

脉候

痛脉多細小緊急 滑為痰 弦為食 陰弦或緊或急或實或伏者可下

細小遲者生 堅大疾者數而緊者浮大而長者死

痛而喘臍下大痛人中黑者死